JN002907

　本書は、世界最大のニュース専門メディア　　　　　　　　　　　　　、を20本選りすぐって収録したものです。1本は、集中力を切らさずに聞き通せる、30秒ほどの長さになっています。

　ダウンロード方式でご提供するMP3音声には、CNNの放送そのものである「ナチュラル音声」のほか、ナレーターがゆっくり読み直した音声が「ポーズ（無音の間）入り」と「ポーズなし」で収められています。これら3パターンの音声を使ってリスニング練習を行うと、世界標準のニュース英語がだれでも聞き取れるようになるはずです。［30秒×3回聞き］方式と本書が呼ぶこのリスニング練習には、通訳者養成学校でも採用されているサイトトランスレーションや区切り聞き、シャドーイングといった学習法が取り入れられているからです。

　日本語訳を見て英語に戻す「反訳」を行うことで、発信型の練習もできます。

　巻頭に「3つの効果的な学習法」および「本書の構成と使い方」という記事があるので、実際の練習に入る前に目を通しておくことをお勧めします。

　なお、アメリカ英語（カナダ英語を含む）、イギリス英語、オーストラリア英語のニュースがバランスよく配分されていることも本書の特長です。発信地も、アメリカとイギリスはもとより、スイス、スウェーデン、イスラエル、インド、台湾、日本など多彩ですから、最後まで興味深く聞き進められるでしょう。

　TOEIC®テスト形式の問題や発音の解説、重要ボキャブラリーやニュースの関連情報なども掲載されています。活用し、より正確な理解の助けとしてください。

　また、本書のご購入者にはMP3音声と併せて電子書籍版(PDF)も無料で提供させていただきます。入手方法は巻末にありますので、ご覧ください。

　最後に、本書収録のコンテンツは月刊英語学習誌『CNN English Express』の記事・音声を再編集したものであることをお知らせしておきます。新鮮なニュースと役立つ学習情報満載の雑誌は、本書と並行してご使用いただいても有益です。

2023年9月
『CNN English Express』編集部

CONTENTS

　本書は「30秒×3回聞き」方式を採用しています。これによって、だれでも世界標準の英語ニュースが聞き取れるようになるはずです。

　「30秒×3回聞き」方式とは、30秒という集中力が途切れない長さのニュースを、3種類の音声で聞くというものです。そのためダウンロード方式でご提供するMP3音声には、各ニュースが「ナチュラル音声」、「ゆっくり音声（ポーズ入り）」、「ゆっくり音声（ポーズなし）」という3種類で収録されています。また、文字としてもそれらに対応する形の英文が掲載されています。

　これらの音声や英文は、ただ単に聞いたり読んだりするのではなく、以下に示すサイトトランスレーション、区切り聞き、シャドーイングという3つの学習法と結びつけることで高い効果を生むようになっています。

❶速読能力が高まるサイトトランスレーション

　俗に「サイトラ」と呼ばれます。英語でつづるとsight translationです。sightは、名詞として「視力、視覚」、形容詞として「見てすぐの、初見での」という意味を持ちます。目にしたところからすぐに訳していくのがsight translationです。

　サイトラの練習では、英文を頭から語順通りに目で追い、情報・意味の区切り目と思われる個所にスラッシュ（／）を書き入れ、区切られた部分をすぐに訳します。それを英文の最後まで次々と繰り返すのですが、こうした訳し方を「順送りの訳」と呼ぶこともあります。

　なお、英文をどのくらい細かく区切るか、どこを情報・意味の区切り目としてスラッシュを入れるかは人それぞれでよく、絶対的なルールがあるわけではありません。

利点・効能 ｜ サイトラを行うと、書かれた英文がその語順通りに理解できるようになり、自然と「速読」に結びつきます。そして、英文を素早く理解できるようになるということは、英文を英文としてそのまま理解できるということにつながっていきます。また、「読んで分からないものは聞いても分からない」という原則に従えば、サイトラの速読能力が「区切り聞き」で養う速聴能力の土台になるといえます。

本書での学習法 ｜ 本書では、各ニュースに、普通の英文とスラッシュで区切られた

英文、およびそれらの訳文を掲載しています。まずはスラッシュで区切られた英文を順番にどんどん訳していき、掲載の訳文で正しく理解できたか確認しましょう。

　本書で示されたスラッシュの入れ方や訳文はあくまで一例です。これに従ってしばらく練習しているとサイトラのやり方が感覚的につかめてきますので、やり方が分かったら、普通の英文を自分なりの区切り方で訳してみると、よい練習になります。また、区切られた日本語訳の方を見ながら順番に英語に訳していく「反訳」（日→英サイトトランスレーション）を行うと、英語での発信能力が格段に向上します。

練習のポイント ｜ サイトラはなるべく素早く行うことが大切です。英文は「読んだ端から消えていくもの」くらいに考えて、次々と順送りの訳をこなしていきましょう。そうしているうちに読むスピードが速くなるはずですし、区切り聞きにもつながります。

❷速聴能力が高まる区切り聞き

　サイトラをリスニングのトレーニングに応用したのが、「区切り聞き」と呼ばれる学習法です。サイトラでは英語が目から入ってきましたが、区切り聞きでは英語が耳から入ってくることになります。

　区切り聞きの場合、英文にスラッシュを入れる代わりに、情報・意味の区切り目と思われる個所でオーディオプレーヤーを一時停止させ、すぐに訳します。その部分を訳し終えたら再び音声を先に進め、同様の作業を繰り返していきます。

利点・効能 ｜ 区切り聞きを行うと、話された英文がその語順通りに理解できるようになり、自然と「速聴」に結びつきます。そして、英文を素早く理解できるようになるということは、英文を英文としてそのまま理解できるということにつながっていきます。

本書での学習法 ｜ だれでも英語ニュースが聞き取れるようになるよう、本書では区切り聞き練習を重視しています。ご提供するMP3音声に収録されている「ゆっくり音声（ポーズ入り）」を利用することで、オーディオプレーヤーを自分でいちいち一

時停止させる面倒がなくなり、区切り聞きがしやすくなっています。ポーズ（無音の間）の位置はサイトラのスラッシュと同じにしてありますが、ポーズで区切られた部分を素早く訳していきましょう。

　MP3音声には、各ニュースが「ナチュラル音声」、「ゆっくり音声（ポーズ入り）」、「ゆっくり音声（ポーズなし）」の順番で入っています。まずは「ナチュラル音声」を聞いて全体の内容を推測し、次に「ゆっくり音声（ポーズ入り）」を使った区切り聞きで部分ごとに順番に理解できるようになり、その後「ゆっくり音声（ポーズなし）」で全体を頭から素早く理解していくことができるかどうか試してみてください。

　なお、最後には、全ニュースのナチュラル音声だけを集めて、もう一度収録してあります。これらを頭から素早く理解していけるようになるのが最終目標です。

練習のポイント │ 音声は流れる端から消えていってしまいます。英文を後ろから前に戻って理解するなどということはできないため、耳に入った文を瞬時に理解する英語力と集中力が求められます。このトレーニングによってリスニング力は必ず向上するので、集中力を高める訓練をするつもりで挑戦してみましょう。

　特にニュースを聞く場合、背景知識があると情報がすんなりと頭に入りますから、日ごろからいろいろな記事について興味を持っておくことも大切です。本書には「ニュースのミニ知識」や「ワンポイント解説」が掲載されているので、役立ててください。

　英文は論理的と言われますが、特にニュースでは、全体の起承転結の流れはもちろん、ひとつのセンテンスの中でも、「①だれ（何）が ②だれ（何）に対して ③何を ④いつ ⑤どこで」という情報がかなり秩序だって含まれています。このような情報を意識して聞くと、リスニングも楽になります。

❸総合力を養うシャドーイング

　シャドーイングは英語でshadowingとつづります。shadowという語には動詞として「影のように付いていく」という意味がありますが、学習法としてのシャドーイングは、聞こえてくる英語音声を一歩後から追いかけるようにリピートしていくものです。オリジナルの英語音声に遅れないように付いていく様子が「影」のようなの

で、こう名づけられました。

利点・効能 ｜ シャドーイングは、今聞いた音声をリピートしながら、同時に次の音声のリスニングも行うというものなので、アウトプットとインプットの同時進行になります。そのため同時通訳のトレーニングとして普及しましたが、一般の英語学習者にも有益であることがいろいろな研究で認められています。

　通常のリスニング練習は学習者が音声を聞くだけ、すなわち受動的なやり方であるのに対し、シャドーイングは学習者の参加を伴うもの、いわば能動的な学習法です。この能動的な学習法は、受動的なものに比べ、よりいっそう集中力を高める訓練になり、リスニング力を向上させます。また、正しい発音やイントネーションを身につける訓練にもなり、ひいてはスピーキング力を高めるのにも役立ちます。

本書での学習法 ｜ シャドーイングは難易度の高い学習法なので、「ナチュラル音声」でいきなり練習するのではなく、最初は「ゆっくり音声（ポーズなし）」を利用するのがよいでしょう。それでも難しいと感じる人も多いでしょうから、「ゆっくり音声（ポーズ入り）」から始めるのも一案です。ポーズが入った音声を用いるのは本来のシャドーイングとは違うという考え方もありますが、無理をして挫折することのないよう、できることから始めてください。

練習のポイント ｜ シャドーイングでは、流れてくる音声を一字一句リピートしなければならないため、ひとつひとつの単語に神経を集中するあまり、文全体の意味を把握できなくなることがよくあります。きちんと論旨を追いながらトレーニングすることが大切です。

　ただし、区切り聞きのように日本語に順次訳していこうと思ってはいけません。英語を正確に聞き取り、正確な発音とイントネーションでリピートしようとしているときに、頭の中に日本語を思い浮かべていては混乱するだけだからです。シャドーイングには、区切り聞きから一歩進んで、英語を英語のまま理解する力が必要になってきます。

　もしも英語でのシャドーイングがどうしても難しすぎるという場合は、まず日本語でシャドーイングする練習から始めてみましょう。

本書では各ニュースに2見開き(4ページ)ずつ割り振ってありますが、それぞれの見開きは以下のように構成されています。

│ パターンA

① MP3音声のトラック番号

ダウンロード方式でご提供するMP3音声には、各ニュースが「ナチュラル音声」、「ゆっくり音声(ポーズ入り)」、「ゆっくり音声(ポーズなし)」という3種類で収録されています。また、MP3音声の最後には、全ニュースのナチュラル音声だけを集めて、もう一度収録してあります。これらのうち「ゆっくり音声(ポーズ入り)」を除いたトラック番号が最初の見開きに示されています。「ゆっくり音声(ポーズ入り)」のトラック番号は次の見開きにあります。

なお、「ナチュラル音声」はCNNの放送そのままですが、「ゆっくり音声」は学習用にプロのナレーターが読み直したものです。

② アクセント

「ナチュラル音声」のアクセント、すなわちCNNキャスターのアクセントを表しています。本書は、アメリカ英語(カナダ英語を含む)のニュース10本、イギリス英語のニュース5本、オーストラリア英語のニュース5本をピックアップし、アクセント別に構成してあります。これらのアクセントはTOEIC® L&Rテストのリスニングセクションにも採用されているので、受験対策としても役立ちます。

なお、「ゆっくり音声」のナレーターは基本的にアメリカ英語です。

③ ニュースのトランスクリプト

「ナチュラル音声」で30秒前後の短いCNNニュースのトランスクリプト(音声を文字化したもの)です。重要ボキャブラリーで取り上げている語には色をつけてあります。

④ リスニングのポイント

このニュースに見られる音の変化や発音の特徴などが解説されています。アメリカ英語の最初のニュース2本およびイギリス英語とオーストラリア英語の最初のニュースだけに付いている記事です。

⑤ ニュースの日本語訳

③のトランスクリプトに対応した日本語訳です。

⑥ 重要ボキャブラリー

各ニュースから5つずつ取り上げています。ニュースの文脈の中で使い方やニュアンスをつかみながら、ボキャブラリーを増やしていきましょう。なお、巻末には「ボキャブラリー・チェック」が付いていますので、復習に利用してください。

⑦ ニュースのミニ知識

このニュースの背景や関連情報が記載されています。背景知識があると、英語を聞いたときに情報がすんなりと頭に入ります。

⑧ ニュースの発信地

ニュースの舞台となっている国・地域または団体・組織などを示します。

最初の見開き

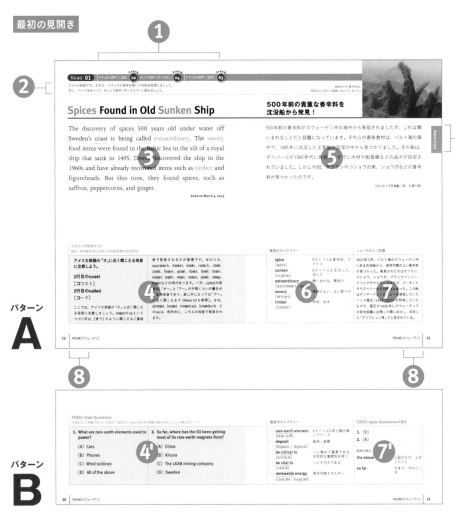

①

②

News 01 | ナチュラル音声［1回目］ **02** ゆっくり音声［ポーズなし］ **04** ナチュラル音声［2回目］ **63**

アメリカ英語です。まずは、ナチュラル音声を聞いて内容を推測しましょう。
次に、ページをめくって、ゆっくり音声［ポーズ入り］に読みましょう。

発見されたのは香辛料で、
500年以上前に沈没していたものだった。

Spices Found in Old Sunken Ship

500年前の貴重な香辛料を
沈没船から発見！

The discovery of spices 500 years old under water off Sweden's coast is being called extraordinary. The savory food items were found in the Baltic Sea in the silt of a royal ship that sank in 1495. Divers discovered the ship in the 1960s and have already recovered items such as timber and figureheads. But this time, they found spices, such as saffron, peppercorns, and ginger.

Aired on March 4, 2023

③ **⑤**

500年前の香辛料がスウェーデン沖の海中から発見されましたが、これは類いまれなことだと話題になっています。それらの香味食材は、バルト海の海中で、1495年に沈没した王室船の沈泥の中から見つかりました。その船は、ダイバーらが1960年代に発見し、すでに木材や船首像などの品々が回収されていました。しかし今回、サフランやコショウの実、ショウガなどの香辛料が見つかったのです。

［2023年7月号掲載］［訳 石黒円理］

America

パターン A

リスニングのポイント

解説：森茂樹教（岡山学院大学国際教養学部准教授）

アメリカ英語の「オ」に近く聞こえる母音に注意しよう。

2行目のcoast
［コウスト］

2行目のcalled
［コード］

ここでは、アメリカ英語の「オ」に近く聞こえる母音に注意したい。coastのoaは「オウ」と発音されるのが普通だが、つづり字は「オウ」のように聞こえる二重母音

④

音で発音されるのが普通です。ほかにも、approach, boast, boat, coach, coal, coat, foam, goal, load, loaf, loan, moan, oath, road, roast, soak, soap, toastなどの例があります。一方、calledの母音は「オー」と「アー」の中間くらいの響きがある母音と言われ、話し言葉によっては「アー」のように聞こえます。また、abroad, broad, broadcast, broadenなどのoaは、例外的に、こちらの母音で発音される。

重要ボキャブラリー

spice [spaɪs]	《タイトル》香辛料、スパイス
sunken [sʌ́ŋkən]	《タイトル》沈没した、沈んだ
extraordinary [ɪkstrɔ́rdineri, ɪ̃ɪ]	驚いた、異例の
savory [séɪvəri]	風味のよい、よい香りの
timber [tímbər]	木材、材木

⑥

ニュースのミニ知識

2023年3月、バルト海のスウェーデン沖にある沈没船から、保存状態のよい香辛料が見つかった。発見されたのはサフラン、コショウ、ショウガ、ブラックペッパー、ナツメグやマスタードなどだという。アーモンドやラズベリーなども見つかった。この船はデンマークとノルウェーを支配していたハンス国王（1455-1513）が所有していたもので、国王が1495年にスウェーデンに向かった際に出航し、沈没した「グリブスフン号」だと見られている。

⑦

⑧ FROM［スウェーデン］ 12　　13 FROM［スウェーデン］ **⑧**

パターン B

TOEIC-style Questions

内容を正しく理解できたか、TOEIC® L&Rテスト Part 4などの問題で確かめましょう。［2択はページへ］

1. What are rare-earth elements used to power?

(A) Cars
(B) Phones
(C) Wind turbines
(D) All of the above

2. So far, where has the EU been getting most of its rare-earth magnets from?

(A) China
(B) Kiruna
(C) The LKAB mining company
(D) Sweden

④

重要ボキャブラリー

rare-earth element [réər ə́rθ]	《タイトル》希土類元素、レアアース
deposit [dɪpɑ́zɪt	dɪpɔ́zɪt]	鉱床、堆積
be critical to [krítɪkəl]	〜に極めて重要である、決定的な重要性を持つ
be vital to [váɪtəl]	〜に不可欠である
renewable energy [rɪnjúːəbl	rɪnjuːəbl]	再生可能エネルギー

TOEIC-style Questionsの答え

1. (D)
2. (A)

設問の語注

the above	上記のもの、上述したこと
so far	今まで、今のところ

⑦

20 FROM［スウェーデン］　　FROM［スウェーデン］ 21

パターンB

④ TOEIC-style Questions

ニュースの内容が理解できたかどうかを確かめる問題です。TOEIC®L&RテストPart 4と同じ4択形式です。全20本のニュースのうち、アメリカ英語の最初の2本とイギリス英語・オーストラリア英語の最初の各1本を除いた、16本のニュースに付いています。

⑦ TOEIC-style Questionsの答え

④の問題の答えです。設問の語注も掲載されています。

① MP3音声のトラック番号

「ゆっくり音声 (ポーズ入り)」のトラック番号が示されています。

② アクセント

「ゆっくり音声」のナレーターは基本的にアメリカ英語ですが、ここに示されているのは「ナチュラル音声」のアクセント、すなわちCNNキャスターのアクセントです。

③ ニュースのトランスクリプト

トランスクリプト (音声を文字化したもの) にサイトトランスレーション用のスラッシュを入れ、そこで改行してあります。また、MP3音声の「ゆっくり音声 (ポーズ入り)」では、スラッシュのところでポーズ (無音の間) が挿入されています。

このトランスクリプトや音声を利用して、サイトトランスレーションや区切り聞き、シャドーイングなどの練習をしましょう。やり方については「3つの効果的な学習法」のページ (pp.4-7) を参照してください。

④ 語注

ニュース中の単語やイディオムなどをピックアップし、意味を示しました。前の見開きで「重要ボキャブラリー」に取り上げた語も、ここに再度記載しています。全ニュースの語注が巻末の「ボキャブラリー・チェック」にまとめられているので、復習に利用してください。

⑤ ニュースの日本語訳

スラッシュで区切られた、③のトランスクリプトに対応した日本語訳です。この日本語訳の方を見ながら順番に元の英語に訳していく「反訳」(日→英サイトトランスレーション) を行うと、英語での発信能力が格段に向上します。

⑥ ワンポイント解説

分かりにくい個所の文法的な解説やニュースの関連知識など、ニュースをより正確に理解するのに役立つ情報が記載されています。

後の見開き

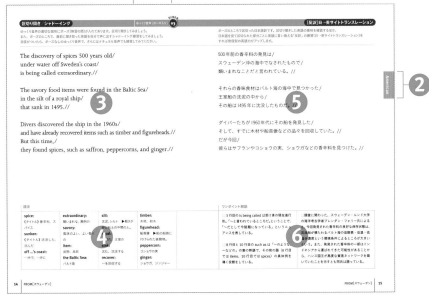

区切り聞き／シャドーイング	ゆっくり音声［ポーズ入り］ 03	［反訳］日・英サイトトランスレーション

ゆっくり音声の適切な個所にポーズ（無音の間）が入れてあります。区切り聞きしてみましょう。また、ポーズのところで、直前に聞き取った英語を自分で声に出すシャドーイング練習をしてみましょう。自信がついたら、ポーズなしのゆっくり音声で、さらにはナチュラル音声でも練習してみてください。

ポーズのところで説明される日本語訳です。区切り聞きした英語の意味を確認しましょう。日本語を見て区切られた部分ごとに英語に置き換える「反訳」の練習［日・英サイトトランスレーション］をすれば発信型の英語力がアップします。

The discovery of spices 500 years old/
under water off Sweden's coast/
is being called extraordinary.//

500年前の香辛料の発見が /
スウェーデン沖の海中でなされたもので /
類いまれなことだと言われている。//

The savory food items were found in the Baltic Sea/
in the silt of a royal ship/
that sank in 1495.//

それらの香味食材はバルト海の海中で見つかった /
王室船の沈泥の中から /
その船は1495年に沈没したものだ。//

Divers discovered the ship in the 1960s/
and have already recovered items such as timber and figureheads.//
But this time,/
they found spices, such as saffron, peppercorns, and ginger.//

ダイバーたちが1960年代にその船を発見した /
そして、すでに木材や船首像などの品々を回収していた。//
だが今回 /
彼らはサフランやコショウの実、ショウガなどの香辛料を見つけた。//

語注

spice: 《タイトル》香辛料、スパイス	**extraordinary:** 類いまれな、異例の	**silt:** 沈泥、シルト　▶船沈が沈んだ土の中間の土。	**timber:** 木材、材木
sunken: 《タイトル》沈没した、沈んだ	**savory:** 風味のよい、よい香りの	**royal:** 王の、王室の	**figurehead:** 和船像　▶船の船首に付けられた装飾物。
off ...'s coast: …沖で、…沖に	**item:** 品物、品目	**sink:** 沈む、沈没する	**peppercorn:** コショウの実
	the Baltic Sea: バルト海	**recover:** 〜を回収する	**ginger:** ショウガ、ジンジャー

ワンポイント解説

3行目の is being called は受け身の現在進行形。「〜と言われているところだ」ということで、「〜だとして今話題になっている」というニュアンスを表している。

8行目と10行目の such as は「〜のような〜などの」の意の熟語で、その前の語（8行目では items、10行目では spices）の具体例を導く役割をしている。

調査に関わった、スウェーデン・ルンド大学の海洋考古学者ブレンダン・フォリー氏による。今回発見された香辛料の良好な保存状態は、冷涼低酸素というバルト海の低酸素・低温・低塩濃度という環境条件によるところが大きい。また、発見された香辛料の一部はインドネシアから選ばれていた可能性があることから、ハンザ国王が高度な貿易ネットワークを築いていたことを示すとも同氏は語っている。

FROM［スウェーデン］ 14

FROM［スウェーデン］ 15

次ページからニュースが始まります➡

アメリカ英語です。まずは、ナチュラル音声を聞いて内容を推測しましょう。
次に、ページをめくって、ゆっくり音声（ポーズ入り）に進みましょう。

Spices Found in Old Sunken Ship

The discovery of spices 500 years old under water off Sweden's coast is being called extraordinary. The savory food items were found in the Baltic Sea in the silt of a royal ship that sank in 1495. Divers discovered the ship in the 1960s and have already recovered items such as timber and figureheads. But this time, they found spices, such as saffron, peppercorns, and ginger.

Aired on March 4, 2023

リスニングのポイント

解説：南條健助（桃山学院大学国際教養学部准教授）

アメリカ英語の「オ」に近く聞こえる母音に注意しよう。

2行目のcoast
[コウスト]

2行目のcalled
[コード]

ここでは、アメリカ英語の「オ」に近く聞こえる母音に注意しましょう。coastのoaというつづり字は、[オウ]のように聞こえる二重母音で発音されるのが普通です。ほかにも、approach、boast、boat、coach、coal、coat、foam、goal、load、loaf、loan、moan、oath、road、roast、soak、soap、toastなどの例があります。一方、calledの母音は、「オー」と「アー」の中間くらいの響きがする長母音であり、話し手によっては「アー」に近く聞こえます（News 02も参照）。なお、abroad、broad、broadcast、broadenなどのoaは、例外的に、こちらの母音で発音されます。

発見された香辛料は、
500年以上前から海底に沈んでいました。

500年前の貴重な香辛料を
沈没船から発見！

500年前の香辛料がスウェーデン沖の海中から発見されましたが、これは類いまれなことだと話題になっています。それらの香味食材は、バルト海の海中で、1495年に沈没した王室船の沈泥の中から見つかりました。その船は、ダイバーらが1960年代に発見し、すでに木材や船首像などの品々が回収されていました。しかし今回、サフランやコショウの実、ショウガなどの香辛料が見つかったのです。

（2023年7月号掲載）（訳　石黒円理）

重要ボキャブラリー

☐ spice [spáis]		《タイトル》香辛料、スパイス
☐ sunken [sʌ́ŋkən]		《タイトル》沈没した、沈んだ
☐ extraordinary [ikstrɔ́:rdənèri | -nəri-]		類いまれな、異例の
☐ savory [séivəri]		風味のよい、よい香りの
☐ timber [tímbər]		木材、材木

ニュースのミニ知識

2023年3月、バルト海のスウェーデン沖にある沈没船から、保存状態のよい香辛料が見つかった。発見されたのはサフラン、コショウ、ショウガ、ブラックペッパー、ナツメグやマスタードなどで、アーモンドやラズベリーなどの食品もあった。この船はデンマークとノルウェーを統括していたハンス国王（1455-1513）が所有していたもので、国王が1495年にスウェーデンでの政治会議に出席した際に出火し、沈没した「グリプシュン号」だと目されている。

ゆっくり音声の適切な個所にポーズ（無言の間）が入れてあります。区切り聞きしてみましょう。
また、ポーズのところで、直前に聞き取った英語を自分で声に出すシャドーイング練習をしてみましょう。
自信がついたら、ポーズなしのゆっくり音声で、さらにはナチュラル音声でも練習してみてください。

The discovery of spices 500 years old/
under water off Sweden's coast/
is being called extraordinary.//

The savory food items were found in the Baltic Sea/
in the silt of a royal ship/
that sank in 1495.//

Divers discovered the ship in the 1960s/
and have already recovered items such as timber and figureheads.//
But this time,/
they found spices, such as saffron, peppercorns, and ginger.//

語注

spice: 《タイトル》香辛料、スパイス	**extraordinary:** 類いまれな、異例の	**silt:** 沈泥、シルト　▶粗さが砂と粘土の中間の土。	**timber:** 木材、材木
sunken: 《タイトル》沈没した、沈んだ	**savory:** 風味のよい、よい香りの	**royal:** 王家の、王室の	**figurehead:** 船首像　▶船の船首に付けられた装飾物。
off ...'s coast: …沖で、…沖に	**item:** 品物、品目	**sink:** 沈む、沈没する	**peppercorn:** コショウの実
	the Baltic Sea: バルト海	**recover:** 〜を回収する	**ginger:** ショウガ、ジンジャー

ポーズのところで区切った日本語訳です。区切り聞きした英語の意味を確認するほか、
日本語を見て区切られた部分ごとに英語に言い換える「反訳」の練習（日→英サイトトランスレーション）を
すれば発信型の英語力がアップします。

500年前の香辛料の発見は /

スウェーデン沖の海中でなされたもので /

類いまれなことだと言われている。//

それらの香味食材はバルト海の海中で見つかった /

王室船の沈泥の中から /

その船は 1495 年に沈没したものだ。//

ダイバーたちが 1960 年代にその船を発見した /

そして、すでに木材や船首像などの品々を回収していた。//

だが今回 /

彼らはサフランやコショウの実、ショウガなどの香辛料を見つけた。//

American

ワンポイント解説

□ 3 行目の is being called は受け身の現在進行形。「〜と言われているところだ」ということで、「〜だとして今話題になっている」というニュアンスを表している。

□ 8 行目と 10 行目の such as は「〜のような、〜などの」の意の熟語で、その前の語（8 行目では items、10 行目では spices）の具体例を導く役割をしている。

□ 調査に関わった、スウェーデン・ルンド大学の海洋考古学者ブレンダン・フォリー氏によると、今回発見された香辛料の良好な保存状態は、沈没船が横たわるバルト海の低酸素・低温・低塩分濃度という環境条件によるところが大きいという。また、発見された香辛料の一部はインドネシアから運ばれてきた可能性があることから、ハンス国王が高度な貿易ネットワークを築いていたことを示すとも同氏は語っている。

アメリカ英語（厳密にはカナダ英語）です。まずは、ナチュラル音声を聞いて内容を推測しましょう。
次に、ページをめくって、ゆっくり音声（ポーズ入り）に進みましょう。

Supreme Court Rules against Warhol

The Supreme Court ruled Thursday that Andy Warhol violated copyright laws in his portraits of the singer Prince. The court ruled 7-2 that Warhol infringed on the copyright of celebrity photographer Lynn Goldsmith, rejecting the argument that the pop-art pioneer had sufficiently transformed her original photo of the rock star. This is a significant step in the debate between artistic freedom versus intellectual property.

Aired on May 19, 2023

リスニングのポイント
解説：南條健助（桃山学院大学国際教養学部准教授）

カナダ英語やアメリカ英語では、イギリス英語では「オー」のように聞こえる母音が、しばしば「アー」に近い響きになる。

2行目のlaws
［ラーズ］

カナダ英語やアメリカ英語では、イギリス英語では「オー」のように聞こえる母音が、しばしば「アー」に近い響きになります。例えば、abroad、bought、caught、cause、daughter、ought to、pause、saw、taught、thoughtが、それぞれ［アブラード、バート、カート、カーズ、ダーラー、アーラ、パーズ、サー、タート、サート］のように聞こえます。このような話し手は、causeやsawの母音と、calmやspaの母音を区別しません。また、アメリカ英語では、god、lot、stopなどの母音も、長めに発音され、calmやspaの母音と同じになります。さらに、アメリカ英語のhot、lodge、pot、shopは、それぞれイギリス英語のheart、large、part、sharpとほぼ同じ発音になります。

ゴールドスミス氏が撮影したプリンスの写真（左）と
ウォーホル氏が作成したシルクスクリーン版画（右）。

ポップアートの巨匠、著作権侵害が確定

最高裁判所は木曜日、アンディ・ウォーホル氏が歌手プリンス氏の肖像画において著作権法違反を犯したとの判決を下しました。最高裁は7対2で、著名人のポートレートで知られる写真家リン・ゴールドスミス氏の著作権をウォーホル氏が侵害したと裁定しました。そして、このポップアートの先駆者がゴールドスミス氏の撮影したこのロックスターのオリジナル写真を十分に改変していたとの主張は、却下しました。今回の判決は、芸術の自由か知的財産権かという議論における重要な一歩となります。

（2023年9月号掲載）（訳　石黒円理）

重要ボキャブラリー

□ **violate**
[vάiəlèit]
〜に違反する、〜を侵害する

□ **infringe on**
[infríndʒ]
〜を侵害する、侵犯する

□ **transform**
[trænsfɔ́:rm]
〜を変形する、変える

□ **significant**
[signífikənt]
重要な、重大な

intellectual property
[prάpərti | prɔ́-]
知的財産、知的財産権（略称IP）

ニュースのミニ知識

1980年代にウォーホル氏は、写真家リン・ゴールドスミス氏が撮影した歌手プリンス氏のポートレートを基に、16枚の作品を制作した。ゴールドスミス氏は雑誌に掲載されたウォーホル氏作品1つに対し、写真1枚分の使用料を受け取った。だがプリンス氏の死後、ゴールドスミス氏が認知していなかった他作品を加えた「プリンス・シリーズ」が発表されて問題化。アンディ・ウォーホル財団は作品の正当利用を訴える訴訟を起こした。

ゆっくり音声の適切な個所にポーズ（無言の間）が入れてあります。区切り聞きしてみましょう。
また、ポーズのところで、直前に聞き取った英語を自分で声に出すシャドーイング練習をしてみましょう。
自信がついたら、ポーズなしのゆっくり音声で、さらにはナチュラル音声でも練習してみてください。

The Supreme Court ruled Thursday/
that Andy Warhol violated copyright laws/
in his portraits of the singer Prince.//

The court ruled 7-2/
that Warhol infringed on the copyright/
of celebrity photographer Lynn Goldsmith,/
rejecting the argument/
that the pop-art pioneer had sufficiently transformed her
original photo of the rock star.//

This is a significant step in the debate/
between artistic freedom and intellectual property.//

語注

(the) Supreme Court: 《タイトル》最高裁判所 **rule against:** 《タイトル》〜に不利な裁定をする、判決を下す **rule that:** 〜であると裁定する、判決を下す	**violate:** 〜に違反する、〜を侵害する **copyright:** 著作権、版権 **infringe on:** 〜を侵害する、侵犯する **celebrity:** 有名人、著名人	**reject:** 〜を却下する、退ける **argument that:** 〜という議論、主張 **pioneer:** 先駆者、パイオニア **sufficiently:** 十分に	**transform:** 〜を変形する、変える **significant:** 重要な、重大な **intellectual property:** 知的財産、知的財産権 ▶略称 IP。

ポーズのところで区切った日本語訳です。区切り聞きした英語の意味を確認するほか、
日本語を見て区切られた部分ごとに英語に言い換える「反訳」の練習(日→英サイトトランスレーション)を
すれば発信型の英語力がアップします。

最高裁判所は木曜日、判決を下した /

アンディ・ウォーホル氏が著作権法に違反したと /

彼が作成した歌手プリンス氏の肖像画において。//

裁判所は7対2で判決を下した /

ウォーホル氏が著作権を侵害したと /

著名人を撮影する写真家リン・ゴールドスミス氏に対し /

そして主張を却下した /

その主張は、このポップアートの先駆者が、彼女の撮影したこのロックスター
のオリジナル写真を十分に改変していたというものだった。//

これは議論における重要な一歩だ /

芸術の自由と知的財産権の間の。//

ワンポイント解説

□ 7 〜 9 行 目 は 分 詞 構 文。and the court rejected the argument that... ということ。

□最下行の freedom と intellectual の間を「ナチュラル音声」の CNN のアンカーは versus で結んでいるが、文法的には between A and B の形が適切。「ゆっくり音声」では正しく収録されている。なお、the debate on A versus B という形でもよい。

□米国の著作権法には transformative use(変形的利用)という例外規定がある。これは、制作される作品が元の作品と十分に異なっている限りにおいて、著作権のある作品に基づいて新しい作品を創作することを認めるものだ。だが、米国連邦最高裁判所は今回、ウォーホル氏の作品が十分に「変形的」であると認められないため、芸術作品の fair use(公正利用、フェアユース)には当たらないとの判決を下した。

アメリカ英語（厳密にはカナダ英語）です。まずは、ナチュラル音声を聞いて内容を推測しましょう。
次に、ページをめくって、ゆっくり音声（ポーズ入り）に進みましょう。

Rare-Earth Elements Found in Sweden

Sweden has announced the discovery of a massive deposit of rare-earth elements. On Thursday, the state-owned mining company LKAB said it [had] identified significant deposits below the country's northernmost city, Kiruna. Rare-earth elements are critical to powering smartphones, wind turbines, and electric vehicles. They're also especially vital to the growing field of renewable energy. [The] discovery will likely reduce the EU's dependence on China, which currently supplies 98 percent of the EU's demand for rare-earth magnets.

Aired on January 13, 2023

TOEIC-style Questions

内容を正しく把握できたか、TOEIC® L&Rテスト Part 4 形式の問題で確かめましょう。[正解は次ページ]

1. What are rare-earth elements used to power?

   (A) Cars

   (B) Phones

   (C) Wind turbines

   (D) All of the above

2. So far, where has the EU been getting most of its rare-earth magnets from?

   (A) China

   (B) Kiruna

   (C) The LKAB mining company

   (D) Sweden

発見されたレアアースの埋蔵量は100万トンを超えます（鉱床を真横から見た断面図）。

巨大レアアース鉱床発見で EUの中国依存が終わる？

スウェーデンが、レアアースの巨大な鉱床を発見したと発表しました。木曜日、国営の鉱業会社LKABは、同国最北の市・キルナの地下に大規模な鉱床を確認したと述べました。レアアースはスマートフォンや風力発電用タービン、電気自動車を動かすのに極めて重要です。また、成長を続ける再生可能エネルギーの分野にレアアースは不可欠です。今回の発見によって、欧州連合（EU）の中国への依存はおそらく減ることになります。現在、中国はEUのレアアース磁石の需要の98%を賄っています。

（2023年5月号掲載）（訳　石黒円理）

重要ボキャブラリー

☐ **rare-earth element**
[rèər ɔ́:rθ]
《タイトル》希土類元素、レアアース

☐ **deposit**
[dipázit | dipózit]
鉱床、鉱脈

☐ **be critical to**
[krítikəl]
〜に極めて重要である、決定的な重要性を持つ

☐ **be vital to**
[váitəl]
〜に不可欠である

☐ **renewable energy**
[rinúːəbl | rinjúːəbl]
再生可能エネルギー

TOEIC-style Questionsの答え

1. （D）

2. （A）

設問の語注

the above　　上記のもの、上述したこと

so far　　今まで、今のところ

ゆっくり音声の適切な個所にポーズ（無言の間）が入れてあります。区切り聞きしてみましょう。
また、ポーズのところで、直前に聞き取った英語を自分で声に出すシャドーイング練習をしてみましょう。
自信がついたら、ポーズなしのゆっくり音声で、さらにはナチュラル音声でも練習してみてください。

Sweden has announced the discovery of a massive deposit of rare-earth elements.//
On Thursday,/
the state-owned mining company LKAB said/
it had identified significant deposits/
below the country's northernmost city, Kiruna.//

Rare-earth elements are critical/
to powering smartphones, wind turbines, and electric vehicles.//
They're also especially vital to the growing field of renewable energy.//

The discovery will likely reduce the EU's dependence on China,/
which currently supplies 98 percent of the EU's demand for rare-earth magnets.//

語注

rare-earth elment:《タイトル》希土類元素、レアアース	**identify:** 〜を確認する、特定する	**power:** 〜に動力を供給する	**renewable energy:** 再生可能エネルギー
massive: 巨大な、大量の	**significant:** 多大な、かなりの	**wind turbine:** 風力発電用タービン	**reduce:** 〜を減らす、少なくする
deposit: 鉱床、鉱脈	**northernmost:** 最北の、最北端の	**electric vehicle:** 電気自動車 ▶略称 EV。	**dependence on:** 〜への依存
mining company: 鉱業会社、鉱山会社	**be critical to:** 〜に極めて重要である、決定的な重要性を持つ	**be vital to:** 〜に不可欠である	**currently:** 現在、今のところ

ポーズのところで区切った日本語訳です。区切り聞きした英語の意味を確認するほか、
日本語を見て区切られた部分ごとに英語に言い換える「反訳」の練習(日→英サイトトランスレーション)を
すれば発信型の英語力がアップします。

American

スウェーデンが、レアアースの巨大な鉱床を発見したという発表を行った。//
木曜日に /
国営の鉱業会社 LKAB は述べた /
同社は大規模な鉱床を確認したと /
同国最北の市・キルナの地下に。//

レアアースは極めて重要である /
スマートフォン、風力発電用タービン、電気自動車を動かすのに。//
レアアースはまた、成長を続ける再生可能エネルギーの分野に不可欠なものである。//

この発見は、おそらく欧州連合 (EU) の中国への依存を減らすだろう /
中国は現在、EU のレアアース磁石需要の98%を供給している。//

ワンポイント解説

□ 1 行目の deposit は鉱脈を大きなひとまとまりと捉えているので単数形になっているが、5 行目の deposits はいくつかの種類の異なる埋蔵物の集合体と捉えて複数形になっている。

□ 5 行目の冒頭を「ナチュラル音声」では it identified と言っているが、前行の said よりさらに過去のことなので、it had identified とすべき。「ゆっくり音声」には正しく収録してある。

□ レアアースは以前から供給不足が指摘されているが、2030 年には現在の 5 倍以上の需要が予測されている。今回の発見により EU の「中国依存からの脱却」を期待する声は大きい。一方で資源の採掘には、まず周辺に与える影響を調査する環境アセスメントの申請が必要である。そのため、実際に採掘が開始され、原料が市場に供給されるまでには、少なくともあと 10 年の期間を要するとみられている。

NEWS **04** | ナチュラル音声 [1回目] Track **11** | ゆっくり音声 [ポーズなし] Track **13** | ナチュラル音声 [2回目] Track **66**

アメリカ英語です。まずは、ナチュラル音声を聞いて内容を推測しましょう。
次に、ページをめくって、ゆっくり音声 (ポーズ入り) に進みましょう。

FDA Fast-Tracks Alzheimer's Drug

The US Food and Drug Administration has granted accelerated approval for a new drug to treat Alzheimer's, in what could be a breakthrough in fighting the disease. The drug appears to slow the progression of cognitive decline in Phase III trials. But there are safety concerns, because of adverse events, like brain swelling. Well, the Accelerated Approval Program permits early access to certain medications while studies continue.

Aired on January 7, 2023

TOEIC-style Questions

内容を正しく把握できたか、TOEIC® L&Rテスト Part 4 形式の問題で確かめましょう。[正解は次ページ]

1. What is reported about the new drug?

   (A) It will be available even while the trials continue.

   (B) It will not be available until all of the studies are finished.

   (C) It does not work as well as experts thought it would.

   (D) It could cause an accelerated heart rate.

2. According to this news report, what negative effect might this drug cause?

   (A) A progression of Alzheimer's disease

   (B) Brain swelling

   (C) Cognitive decline

   (D) Death

あなたの
グローバル英語力を測定
新時代のオンラインテスト

®

GLENTS

初級者からの CNN ニュース・リスニング 2023 [春夏]

動画音声付き
オンライン提供

音声アプリ＋動画で、どんどん聞き取れる！

- レベル別に3種類の速度の音声を収録
- ニュース動画を字幕あり/なしで視聴できる

MP3・電子書籍版・動画付き [オンライン提供]
A5判 定価1320円（税込）

CNN ニュース・リスニング 2023 [春夏]

1本30秒だから、聞きやすい！

電子書籍版付き
ダウンロード方式で提供

[30秒×3回聞き] 方式で
世界標準の英語がだれでも聞き取れる！

- テイラー・スウィフトが長編映画の監督に
- まるでゾンビ!? クモの死体を「動くロボット」化

MP3・電子書籍版付き
（ダウンロード方式）
A5判 定価1100円（税込）

CNN GLENTSとは

GLENTSとは、Global English Testing Systemという名の通り、世界標準の英語力を測るシステムです。リアルな英語を聞き取るリスニングセクション、海外の話題を読み取る

るリーディングセクション、異文化を理解するのに必要な知識を問う国際教養セクションから構成される、世界に通じる「ホンモノ」の英語力を測定するためのテストです。

CNN GLENTSの特長

■作られた英語ではなく生の英語ニュースが素材

リスニング問題、リーディング問題、いずれも世界最大のニュース専門放送局CNNの英語ニュースから出題。実際のニュース映像を使った「動画視聴問題」も導入しています。

■場所を選ばず受験できるオンライン方式

コンピューターやスマートフォン、タブレットなどの端末とインターネット接続があれば、好きな場所で受けられます。

■自動採点で結果をすぐに表示 国際指標CEFRにも対応

テスト終了後、自動採点ですぐに結果がわかります。国際的な評価基準であるCEFRとの対照レベルやTOEIC® Listening & Reading Testの予測スコアも表示されます。

■コミュニケーションに必要な社会・文化知識にも配慮

独自のセクションとして設けた「国際教養セクション」では、

世界で活躍する人材に求められる異文化理解力を測ります。

■試験時間は約70分、受験料は3,960円（税込）です。

お問い合わせ先

株式会社 朝日出版社 「CNN GLENTS」事務局
TEL: 0120-181-202 E-MAIL: glents_support@asahipress.com
（平日午前10時～午後6時）

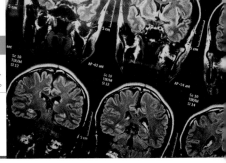

アルツハイマー病の人の脳では、
症状出現の10年以上前から異常が生じているそうです。

アルツハイマー病の新薬、
米国で迅速承認

米国食品医薬品局（FDA）はアルツハイマー病の治療に使われる新薬を迅速

承認しましたが、これはこの病との闘いにおけるブレークスルーになるかも

しれません。その薬は、（臨床試験の）第3相試験において、認知機能低下の

進行を遅らせるようです。しかし、脳腫脹などの有害事象も見られるため、

安全面の懸念もあります。さて、「迅速承認プログラム」は特定の薬剤の早期

利用を許可していますが、研究はまだ継続されます。

（2023年5月号掲載）（訳　編集部）

重要ボキャブラリー

- [ ] **fast-track**
  [fǽst træk]
  《タイトル》〜を急速に進める、迅速に処理する

- [ ] **grant approval for**
  [əprúːvəl]
  〜に承認を与える、〜を認可する

- [ ] **cognitive decline**
  [kɔ́gnitiv]
  認知機能低下、認知低下

- [ ] **adverse event**
  [ædvə́ːrs | ædvəːs]
  有害事象

- [ ] **brain swelling**
  [swéliŋ]
  脳の腫れ、脳腫脹（のうしゅちょう）

TOEIC-style Questions の答え

1. （A）

2. （B）

設問の語注

available	利用可能な、使用できる
cause	〜を引き起こす
heart rate	心拍、心拍数
according to	〜によれば
negative effect	悪影響、弊害

ゆっくり音声の適切な個所にポーズ（無言の間）が入れてあります。区切り聞きしてみましょう。
また、ポーズのところで、直前に聞き取った英語を自分で声に出すシャドーイング練習をしてみましょう。
自信がついたら、ポーズなしのゆっくり音声で、さらにはナチュラル音声でも練習してみてください。

The US Food and Drug Administration has granted accelerated approval/
for a new drug to treat Alzheimer's,/
in what could be a breakthrough in fighting the disease.//

The drug appears to slow the progression of cognitive decline/
in Phase III trials.//
But there are safety concerns,/
because of adverse events, like brain swelling.//

Well, the Accelerated Approval Program permits early access to certain medications/
while studies continue.//

語注

FDA:《タイトル》＝Food and Drug Administration 食品医薬品局	**Alzheimer's (disease):**《タイトル》アルツハイマー病	**treat:** ～を治療する	**safety concern:** 安全上の懸念、心配
fast-track:《タイトル》～を急速に進める、迅速に処理する	**grant approval for:** ～に承認を与える、～を認可する	**progression:**（病気などの）進行	**adverse event:** 有害事象
	accelerated: 加速された、迅速な	**cognitive decline:** 認知機能低下、認知低下	**brain swelling:** 脳の腫れ、脳腫脹（のうしゅちょう）
		Phase III trial: 第3相試験	**medication:** 薬、薬剤

ポーズのところで区切った日本語訳です。区切り聞きした英語の意味を確認するほか、
日本語を見て区切られた部分ごとに英語に言い換える「反訳」の練習(日→英サイトトランスレーション)を
すれば発信型の英語力がアップします。

米国食品医薬品局(FDA)は迅速承認した/

アルツハイマー病の治療のための新薬を/

これは、この病との闘いにおけるブレークスルーになるかもしれない。//

その薬は認知機能低下の進行を遅らせるように見える/

第3相試験において。//

だが、安全面の懸念もある/

脳腫脹などの有害事象ゆえに。//

さて、「迅速承認プログラム」は特定の薬剤を早期に利用することを許可している/

研究の進行中に。//

ワンポイント解説

□ 3行目の what could be...the disease の what は先行詞を含む関係代名詞。この部分を直訳すると、「その病との闘いにおいて飛躍的進歩となるかもしれないこと」となる。

□ 5行目の Phase III trial(第3相試験)は新薬の臨床試験の最終段階を指す。この新薬は脳の神経細胞を破壊し、認知機能を低下させるタンパク質「アミロイドβ」を減らす効果がある。

□認知症の主要な原因として知られるアルツハイマー病は進行性の脳疾患。2023年1月、その新しい治療薬が米国食品医薬品局(FDA)から迅速承認──深刻な状況の患者に早く治療を提供するための限定的承認──を受けた。日本のエーザイと米国のバイオジェン社が共同開発したこの新薬「レカネマブ」は、同年7月にはFDAの正式承認に至り、さらに同年8月には日本の厚生労働省からも承認を受けている。

アメリカ英語です。まずは、ナチュラル音声を聞いて内容を推測しましょう。
次に、ページをめくって、ゆっくり音声（ポーズ入り）に進みましょう。

Taiwan Extends Military-Service Period

The White House is welcoming Taiwan's decision to extend its mandatory military service amid growing threats from China. The Biden administration says that the move shows Taiwan's commitment to self-defense and strengthens deterrence. President Tsai Ing-Wen said on Tuesday that, quote, "Nobody wants war, but peace does not fall from the sky," as she announced that starting in 2024, all eligible men must serve in the military for a full year instead of four months.

Aired on December 28, 2022

TOEIC-style Questions

内容を正しく把握できたか、TOEIC® L&RテストPart 4形式の問題で確かめましょう。［正解は次ページ］

1. Currently, for how long must eligible men serve in the military in Taiwan?

   (A) Four months

   (B) One year

   (C) Four years

   (D) Serving in the military is currently not mandatory.

2. What does the Biden administration say the change of policy shows?

   (A) That achieving peace is not easy

   (B) That Taiwan is determined to defend itself

   (C) That threats from China are growing

   (D) That there are not enough eligible men in Taiwan

台湾の蔡総統は
自衛力増強にかじを切りました。

中国の軍事圧力に対抗し、台湾が兵役延長へ

米国政府は、中国による脅威が高まる中、兵役義務を延長するという台湾の決定を歓迎しています。バイデン政権によると、今回の措置は自衛に対する台湾の強い決意を示すものであり、抑止力を高めるものです。蔡 英 文 (ツァイ・インウェン) 総統が火曜日に述べたところによると、「誰も戦争など望んでいないが、平和は空から降ってくるものではない」ということで、この日、総統は次のように発表しました。すなわち、2024 年から、要件を満たす全男性は 4 カ月間ではなく 1 年間の兵役に就かなければならないのです。

（2023 年 5 月号掲載）（訳　編集部）

重要ボキャブラリー		TOEIC-style Questions の答え	
☐ **military-service** [mílətèri ｜ mílitəri]	《タイトル》兵役の	**1.** (A)	
☐ **mandatory** [mǽndətɔ̀ːri -təri]	義務的な、強制的な	**2.** (B)	
☐ **strengthen** [stréŋkθn]	〜を強化する、増強する	設問の語注	
☐ **deterrence** [ditə́ːrəns ｜ dité-]	抑止力、防止力	currently	現在、今のところ
☐ **eligible** [élidʒəbl]	条件にかなった、適格な	be determined to do	〜することを決心している
		achieve	〜を実現する、達成する

ゆっくり音声の適切な個所にポーズ（無言の間）が入れてあります。区切り聞きしてみましょう。
また、ポーズのところで、直前に聞き取った英語を自分で声に出すシャドーイング練習をしてみましょう。
自信がついたら、ポーズなしのゆっくり音声で、さらにはナチュラル音声でも練習してみてください。

The White House is welcoming Taiwan's decision/
to extend its mandatory military service/
amid growing threats from China.//

The Biden administration says/
that the move shows Taiwan's commitment to self-defense and
strengthens deterrence.//

President Tsai Ing-Wen said on Tuesday/
that, quote, "Nobody wants war, but peace does not fall from
the sky,"/
as she announced/
that starting in 2024, all eligible men must serve in the military/
for a full year instead of four months.//

語注

extend: 《タイトル》〜を伸ばす、延長する	**mandatory:** 義務的な、強制的な	**commitment to:** 〜に対する固い決心、決然とした姿勢	**starting in:** （年・月などに関して）〜から
military-service: 《タイトル》兵役の	**amid:** 〜の状況の中で	**strengthen:** 〜を強化する、増強する	**eligible:** 条件にかなった、適格な
period: 《タイトル》期間	**threat:** 脅威	**deterrence:** 抑止力、防止力	**serve in the military:** 兵役に就く
decision to do: 〜するという決定	**administration:** 政権		

ポーズのところで区切った日本語訳です。区切り聞きした英語の意味を確認するほか、
日本語を見て区切られた部分ごとに英語に言い換える「反訳」の練習(日→英サイトトランスレーション)を
すれば発信型の英語力がアップします。

米国政府は台湾の決定を歓迎している /

台湾の兵役義務を延長するという（決定を）/

中国による脅威が高まる中で。//

バイデン政権は述べている /

今回の措置は、台湾の自己防衛に対する強い決意を示すものであり、抑止力を高めると。//

蔡 英 文 総統は火曜日にこう述べた / （ツァイ・インウェン）

いわく「誰も戦争など望んでいないが、平和は空から降ってくるものではない」と /

それは総統が次のように発表した際だった /

2024年から、要件を満たす全男性は兵役に就かなければならない /

4カ月ではなく1年の間。//

ワンポイント解説

□ 7～8行目では、...said that という間接話法の形を取っているが、quote によって "Nobody...the sky." という直接話法の形が導かれている。

□ 11行目の starting in 2024 は、直後の節を副詞的に修飾している。直後に all eligible men（要件を満たす全男性）とあるが、具体的には「18歳以上の男子」がこれに当たる。

□ 台湾当局は、中国の軍事的圧力の強まりに対処するため、兵役義務を現在の4カ月から1年に延長することを2022年12月に発表した。新制度は2024年に導入され、2005年1月1日以降に生まれた男子に適用されることになる。台湾ではかつて2～3年間の徴兵制が敷かれていたが、1990年代から段階的に期間が短縮されるとともに志願兵制への移行も進行。現在は4カ月の軍事訓練だけが義務づけられている。

アメリカ英語（厳密にはカナダ英語）です。まずは、ナチュラル音声を聞いて内容を推測しましょう。
次に、ページをめくって、ゆっくり音声（ポーズ入り）に進みましょう。

Hundreds of New UFO Reports

The US government has gotten over 350 new reports of what it's calling "unidentified aerial phenomena," or UFOs, since March of 2021. They're described in a new report released by the US director of national intelligence. The Pentagon attributes almost half of these incidents to drones, birds, and balloons. The other half still remain unexplained, and there's no direct mention of space aliens.

Aired on January 13, 2023

TOEIC-style Questions

内容を正しく把握できたか、TOEIC® L&RテストPart 4形式の問題で確かめましょう。[正解は次ページ]

1. How many new reports of UFOs is the US government reported to have received?

   (A) 21

   (B) 50

   (C) Almost 300

   (D) More than 350

2. According to this news report, what does the Pentagon think was seen in some of the reported incidents?

   (A) Birds

   (B) Satellites

   (C) Spacecraft

   (D) The International Space Station

奇妙な動きの飛行物体が
都市の夜空に見られることは少なくありません。

増え続けるUFO目撃情報を
米国政府が公表

米国政府は、政府が言うところの「未確認空中現象（UAP）」、つまりUFOについて、2021年3月からこれまでの間に350件を超える新たな目撃報告を受けました。それらは、米国国家情報局長官によって発表された新たな報告書にまとめられています。米国国防総省はこうした事象の半数弱はドローン、鳥、気球によるものだとしています。残りの半数は未解明のままで、宇宙人への直接的な言及はありません。

（2023年5月号掲載）（訳　編集部）

重要ボキャブラリー

☐ **unidentified aerial phenomenon**
[fənάmənən | fənɔ́-]
未確認空中現象、未確認航空現象（略称UAP）

☐ **attribute A to B**
[ətríbjuːt]
AをBのせいにする、Bに起因すると考える

☐ **incident**
[ínsidənt]
（大事に至らない）事件、出来事

☐ **unexplained**
[ʌ̀nikspléind]
説明のつかない、未解明の

☐ **space alien**
[éiliən]
宇宙人

TOEIC-style Questionsの答え

1. （D）

2. （A）

設問の語注

satellite 衛星、人工衛星

spacecraft 宇宙船

the International Space Station 国際宇宙ステーション

写真：Eduardo Marquetti/flickr

ゆっくり音声の適切な個所にポーズ（無言の間）が入れてあります。区切り聞きしてみましょう。
また、ポーズのところで、直前に聞き取った英語を自分で声に出すシャドーイング練習をしてみましょう。
自信がついたら、ポーズなしのゆっくり音声で、さらにはナチュラル音声でも練習してみてください。

The US government has gotten over 350 new reports/
of what it's calling "unidentified aerial phenomena," or UFOs,/
since March of 2021.//

They're described in a new report/
released by the US director of national intelligence.//

The Pentagon attributes almost half of these incidents to
drones, birds, and balloons.//
The other half still remain unexplained,/
and there's no direct mention of space aliens.//

語注

UFO: 《タイトル》= unidentified flying object 未確認飛行物体 **unidentified aerial phenomenon:** 未確認空中現象、未確認航空現象 ▶略称UAP。	**release:** 〜を発表する、公表する **director of national intelligence:** 国家情報局長官 **the Pentagon:** 米国国防総省、ペンタゴン	**attribute A to B:** AをBのせいにする、Bに起因すると考える **incident:** （大事に至らない）事件、出来事 **balloon:** 風船、気球	**remain:** 〜のままである **unexplained:** 説明のつかない、未解明の **mention:** 言及 **space alien:** 宇宙人

ポーズのところで区切った日本語訳です。区切り聞きした英語の意味を確認するほか、
日本語を見て区切られた部分ごとに英語に言い換える「反訳」の練習（日→英サイトトランスレーション）を
すれば発信型の英語力がアップします。

米国政府は350件を超える新たな目撃報告を受けた /
政府が言うところの「未確認空中現象（UAP）」、つまりUFOについて /
2021年3月からこれまでの間に。//

それらは新たな報告書に記されている /
米国国家情報長官によって発表されたものだ。//

米国国防総省はこうした事象の半数弱はドローン、鳥、気球によるものだと
している。//
残りの半数は未解明のままである /
そして、宇宙人への直接的な言及はない。//

American

ワンポイント解説

□このニュースには report(s) という語が3回
登場するが、意味の違いに注意。タイトルと1
文目に出てくる reports は UFO の目撃情報であ
るのに対し、4行目の a new report は国家情報
長官室による「報告書」である。

□2行目の what は先行詞を含む関係代名詞。
最近では物体と断定するのを避けるため、UAP
という略称が好まれる。

□米国国防総省は2022年7月に全領域異常解
決室（AARO）を設置し、未確認飛行物体（UFO）
——政府の呼び方は未確認空中現象（UAP）——
の目撃報告を調査している。国家情報局が2022
年7月に発表したところによると、当局が把握し
た目撃情報は510件に及び、2021年時の144
件から366件も増えたという。うち195件は現
象の原因を究明できたが、171件は不明。AARO
はサイトで UAP の動画などを公開している。

NEWS **07** | ナチュラル音声［1回目］ *Track* **20** | ゆっくり音声［ポーズなし］ *Track* **22** | ナチュラル音声［2回目］ *Track* **69**

アメリカ英語です。まずは、ナチュラル音声を聞いて内容を推測しましょう。
次に、ページをめくって、ゆっくり音声（ポーズ入り）に進みましょう。

Court Trial in the Metaverse

A court in Colombia just held its first trial in the metaverse. All of the participants, including the judge, were represented by avatars. The judge says she favored the metaverse trial versus a more common video link, saying with Zoom trials, people often turn off their cameras and say they're having connection issues. Detractors, however, say it requires expensive equipment, which could put justice out of reach for some.

Aired on February 25, 2023

TOEIC-style Questions

内容を正しく把握できたか、TOEIC® L&Rテスト Part 4 形式の問題で確かめましょう。［正解は次ページ］

1. Who or what could be seen at this trial?

(A) All of the participants' faces

(B) Avatars

(C) Only the judge

(D) Only the judge and the lawyers

2. What problem is mentioned about holding trials in the metaverse?

(A) Participants often turn off their cameras.

(B) Video links don't always work well.

(C) Not everyone has the necessary equipment.

(D) Many people do not like using avatars.

裁判の関係者は全員
アバターとなって仮想空間に登場しました。

メタバース上で裁判を開いた
南米コロンビア

このほど、コロンビアの裁判所が、同国初のメタバース上における裁判を実施しました。参加者は判事も含めて全員、アバターとして表示されました。当該判事は、より一般的なビデオ会議形式に比べて、メタバース裁判のほうが好ましいと述べています。判事によると、Zoomを利用した裁判では参加者が自分のカメラをオフにし、接続に問題があると言い出すことが多いということです。一方、批判派は、メタバース裁判には高額な機器が必要であるため、裁判に参加できない人が出てくる可能性があると指摘しています。

（2023年6月号掲載）（訳　石黒円理）

重要ボキャブラリー		
☐ **trial** [tráiəl]	《タイトル》裁判、公判	
☐ **participant** [pɑːrtísəpənt]	参加者	
☐ **represent A by B** [rèprizént]	AをBで表す、示す	
☐ **detractor** [ditrǽktər]	批判する人、中傷する人	
☐ **equipment** [ikwípmənt]	機器、装置	

TOEIC-style Questions の答え	
1. （B）	
2. （C）	

設問の語注	
lawyer	弁護士、法律家
mention	～に言及する
hold	～を開く、開催する
work well	うまく機能する

A court in Colombia just held its first trial in the metaverse.//
All of the participants, including the judge,/
were represented by avatars.//

The judge says/
she favors the metaverse trial versus a more common video link,/
saying/
with Zoom trials,/
people often turn off their cameras/
and say they're having connection issues.//

Detractors, however, say/
it requires expensive equipment,/
which could put justice out of reach for some.//

語注

court:《タイトル》裁判所、法廷	**represent A by B:** AをBで表す、示す	**versus:** 〜と対比して、〜に対して	**detractor:** 批判する人、中傷する人
trial:《タイトル》裁判、公判	**avatar:** 分身、アバター ▶仮想空間上でユーザーの代わりとなるキャラクター。	**video link:** ビデオリンク ▶テレビ会議システムによる接続。	**equipment:** 機器、装置
participant: 参加者			**put...out of reach:** …を手の届かないところに置く
judge: 裁判官、判事	**favor:** 〜のほうを好む	**connection issue:** （通信の）接続の問題	**justice:** 司法

ポーズのところで区切った日本語訳です。区切り聞きした英語の意味を確認するほか、
日本語を見て区切られた部分ごとに英語に言い換える「反訳」の練習（日→英サイトトランスレーション）を
すれば発信型の英語力がアップします。

コロンビアのある裁判所が最近、同国初のメタバース上の裁判を実施した。//
判事も含めて、参加者全員が /
アバターによって表示された。//

その判事は述べている /
彼女は、より一般的なビデオ会議形式よりメタバース裁判のほうを好むと /
いわく /
Zoom を利用した裁判では /
人々はよく自分のカメラをオフにしてしまう /
そして接続に問題があると言う。//

だが、批判派は述べている /
メタバース裁判は高額な機器を必要とし /
そのことが一部の人たちにとっては司法を手の届かないものにしてしまう可
能性がある、と。//

ワンポイント解説

□ 5 行目の favors を「ナチュラル音声」の CNN
のアンカーは favored と言っている。だが、過
去ではなく現在の見解を述べているので、
favors とするほうが適切。「ゆっくり音声」で
はそのように収録されている。

□最下行の which は関係代名詞の非制限（継続）
用法。

□ 2023 年 2 月 15 日、交通紛争に関する訴訟が
南米コロンビアの裁判所で開廷した。判事は、
黒いローブをまとったアバターとして画面に登場
し、同じくアバターとして登場した紛争当事者た
ち双方から、意見聴取を行った。ただ、メタバ
ース空間の活用には専用の機器を整備しなけれ
ばならない点を問題視する声がある。コロンビ
ア・ロサリオ大学の教授は、正義へのアクセス
および公平性について疑問を投げかけている。

アメリカ英語です。まずは、ナチュラル音声を聞いて内容を推測しましょう。
次に、ページをめくって、ゆっくり音声（ポーズ入り）に進みましょう。

Green Advice for Board-Game Industry

Board games are a booming business, with one estimate putting global sales at $19 billion a year and growing. But that means more cardboard boxes, plastic tokens, and paper cards. So a group of game publishers, designers, and players has come up with what they call the *Green Games Guide*, offering solutions to make the board-game industry more sustainable in the years to come.

Aired on March 27, 2023

TOEIC-style Questions

内容を正しく把握できたか、TOEIC® L&Rテスト Part 4形式の問題で確かめましょう。［正解は次ページ］

1. What is reported to be the estimated value of annual global sales of board games?

   (A) $9 million

   (B) $90 million

   (C) $9 billion

   (D) $19 billion

2. Why was the *Green Games Guide* created?

   (A) To make the board-game industry more environment-friendly

   (B) To encourage people to play more outdoor games instead of board games

   (C) To increase sales of board games

   (D) To help people get better at playing board games

デジタル全盛の時代にあっても
アナログのボードゲームは大人気です。

American

活況のボードゲーム業界は
持続可能性を目指す

ボードゲーム業界は活況を呈しており、世界的な売上が年間190億ドルにのぼり、さらに成長中との推計もあります。しかしそれは、段ボール箱やプラスチック製の駒、紙製カードが増えているということでもあります。そこで、ゲームの発行元、デザイナー、プレーヤーからなるグループが「グリーン・ゲームズ・ガイド」なるものを作成したのですが、これは今後ボードゲーム業界をより持続可能な形にするための解決策を提供するものです。

(2023年8月号掲載) (訳　編集部)

重要ボキャブラリー		
☐ **booming** [búːmiŋ]	好景気の、活況の	
☐ **estimate** [éstəmət]	推定、推計	
☐ **cardboard box** [káːdbɔ̀ːrd]	段ボール箱	
☐ **solution** [səlúːʃən]	解決策、解決法	
☐ **sustainable** [səstéinəbl]	持続可能な、サステナブルな	

TOEIC-style Questions の答え

1. (D)

2. (A)

設問の語注

estimated	推定の、推計の
annual	毎年の、年ごとの
billion	10億
environment-friendly	環境に優しい
encourage...to do	…に〜することを勧める、奨励する

ゆっくり音声の適切な個所にポーズ（無言の間）が入れてあります。区切り聞きしてみましょう。
また、ポーズのところで、直前に聞き取った英語を自分で声に出すシャドーイング練習をしてみましょう。
自信がついたら、ポーズなしのゆっくり音声で、さらにはナチュラル音声でも練習してみてください。

Board games are a booming business,/
with one estimate putting global sales at \$19 billion a year and
growing.//

But that means more cardboard boxes, plastic tokens, and
paper cards.//

So a group of game publishers, designers, and players/
has come up with what they call the *Green Games Guide*,/
offering solutions/
to make the board-game industry more sustainable in the
years to come.//

語注

green:《タイトル》環境に優しい、環境に配慮した	**put A at B:** AをBと見積もる	**cardboard box:** 段ボール箱	**solution:** 解決策、解決法
industry:《タイトル》業界、産業	**grow:** 成長する、伸びる	**token:**（ボードゲームなどで使う）ピース、駒	**sustainable:** 持続可能な、サステナブルな
booming: 好景気の、活況の	**mean :**（結果として）〜をもたらす、〜という結果になる	**publisher:** 発行元	**in the years to come:** この先何年も
estimate: 推計、推定		**come up with:** 〜を作り出す	

ポーズのところで区切った日本語訳です。区切り聞きした英語の意味を確認するほか、
日本語を見て区切られた部分ごとに英語に言い換える「反訳」の練習(日→英サイトトランスレーション)を
すれば発信型の英語力がアップします。

American

ボードゲーム業界は活況を呈しており /

ある推計によると、世界的な売上が年間190億ドルにのぼり、さらに成長中
と見積もられている。//

だがそれは、段ボール箱やプラスチック製の駒、紙製カードが増えていると
いうことでもある。//

そこで、ゲームの発行元、デザイナー、プレーヤーからなるグループが /

「グリーン・ゲームズ・ガイド」なるものを作成した /

これは解決策を提供し /

この先何年にもわたってボードゲーム業界をより持続可能な形にするもの
だ。//

ワンポイント解説

□ 2 行 目 の with one estimate putting... の
with は付帯状況や理由を表す用法。and one
estimate puts global sales at... ということ。

□ *Green Games Guide* は、より環境に適した
資材を用いる、または使用する資材の量を減ら
すことなどをボードゲーム業界向けに提言する
手引書で、*Green Games Guide* のホームペー
ジから誰でも無料でダウンロードできる。

□ボードゲームは、チェスやモノポリーなどの
誰でも知っているものだけでなく、新種も日々
開発されている。現在の世界市場規模は 190
億ドルと推計され、一説には 2030 年には 230
億ドルに達すると予想されるほどの活況ぶり
だ。だが、市場が大きくなるほど環境への影響
も大きくなるため、業界に持続可能性への配慮
を求める多国籍の人たちがサイト(https://
www.greengamesguide.com)を立ち上げた。

アメリカ英語（厳密にはカナダ英語）です。まずは、ナチュラル音声を聞いて内容を推測しましょう。
次に、ページをめくって、ゆっくり音声（ポーズ入り）に進みましょう。

Landmark **Return of Platypuses**

One of Australia's most iconic creatures has been reintroduced into the country's oldest national park. On Friday, the platypus made its return to the Royal National Park as part of a landmark conservation project. The animal hasn't been seen in the area since the 1970s. Four platypuses were released on Friday, and six more will follow soon.

Aired on May 14, 2023

TOEIC-style Questions
内容を正しく把握できたか、TOEIC® L&RテストPart 4形式の問題で確かめましょう。［正解は次ページ］

1. **What does this news report say about the Royal National Park?**

   (A) It is the only place in Australia where the platypus can be found.

   (B) It is Australia's most iconic park.

   (C) It is where platypuses were first found.

   (D) It is Australia's oldest national park.

2. **When were platypuses last seen in the area of the park?**

   (A) In the 1940s

   (B) In the 1960s

   (C) In the 1970s

   (D) Almost 100 years ago

カモのようなくちばしを持ち、
体は茶褐色の毛皮に覆われたカモノハシ。

オーストラリアのカモノハシ、
国立公園に再登場

オーストラリアを最も象徴する動物の一種が、同国最古の国立公園に再導入されました。金曜日、歴史的意義をもつ保護活動の一環としてカモノハシがロイヤル国立公園に帰ってきたのです。この動物は1970年代以降、その地域で見つかっていません。4匹のカモノハシが金曜日に放たれましたが、近いうちにもう6匹がそれに続く予定です。

（2023年9月号掲載）（訳　編集部）

重要ボキャブラリー		TOEIC-style Questions の答え

☐ **landmark** [lǽndmà:rk]	《タイトル》画期的な、重要な	**1.** (D)
☐ **iconic** [aikɔ́nik]	象徴的な、最も代表的な	**2.** (C)
☐ **creature** [krí:tʃər]	生き物、動物	

設問の語注

be found	見つかる、目にされる
almost	ほとんど、もう少しで

☐ **reintroduce A into B** [rì:intrədjú:s]	A を B に再導入する、再登場させる
☐ **conservation** [kὰnsərvéiʃən ǀ kɔ̀n-]	（自然・文化財などの）保護、保存

ゆっくり音声の適切な個所にポーズ（無言の間）が入れてあります。区切り聞きしてみましょう。
また、ポーズのところで、直前に聞き取った英語を自分で声に出すシャドーイング練習をしてみましょう。
自信がついたら、ポーズなしのゆっくり音声で、さらにはナチュラル音声でも練習してみてください。

One of Australia's most iconic creatures has been reintroduced/
into the country's oldest national park.//

On Friday,/
the platypus made its return to the Royal National Park/
as part of a landmark conservation project.//

The animal hasn't been seen in the area/
since the 1970s.//
Four platypuses were released on Friday,/
and six more will follow soon.//

語注

landmark:《タイトル》画期的な、重要な **return:**《タイトル》復帰、復活 **platypus:**《タイトル》カモノハシ **iconic:** 象徴的な	**creature:** 生き物、動物 **reintroduce A into B:** A（動植物）をB（元の生息地）に戻す、再導入する **national park:** 国立公園	**make one's return to:** ～に戻ってくる **the Royal National Park:** ロイヤル国立公園 ▶シドニーの少し南に位置する。	**as part of:** ～の一環として **conservation:** 自然保護活動、保全事業 **release:** ～を解き放つ

ポーズのところで区切った日本語訳です。区切り聞きした英語の意味を確認するほか、
日本語を見て区切られた部分ごとに英語に言い換える「反訳」の練習(日→英サイトトランスレーション)を
すれば発信型の英語力がアップします。

オーストラリアの最も象徴的な動物の一種が再導入された /
同国最古の国立公園に。//

金曜日 /
カモノハシがロイヤル国立公園に帰ってきた /
歴史的意義をもつ保護活動の一環として。//

この動物はその地域で見つかっていない /
1970年代以降。//
4匹のカモノハシが金曜日に放たれた /
近いうちにもう6匹がそれに続く予定だ。//

ワンポイント解説

□ 4行目に the platypus とある。この〈the +
単数普通名詞〉の形は総称用法と呼ばれるもの。
ここでは、特定のカモノハシを指しているので
はなく、一般に「カモノハシ(という生物)」
がロイヤル国立公園に帰ってきた、ということ
を表している。次の文の The animal も同様の
用法である。

□ くちばしがカモのようで、尻尾がビーバーの
ように平たいカモノハシは、哺乳類なのに卵を
生む。この変わった水棲動物は世界でオースト
ラリアにしか生息していないため、同国を代表
する生き物とされるが、国際自然保護連合
(IUCN)から準絶滅危惧種に指定される状況に
ある。シドニー南方のロイヤル国立公園の河川
でも約50年前に絶滅したが、再繁殖を目指し、
2023年5月に雌雄数匹が放流された。

NEWS **10** | ナチュラル音声［1回目］ **29** Track | ゆっくり音声［ポーズなし］ **31** Track | ナチュラル音声［2回目］ **72** Track

アメリカ英語です。まずは、ナチュラル音声を聞いて内容を推測しましょう。
次に、ページをめくって、ゆっくり音声（ポーズ入り）に進みましょう。

Johnny's Head Quits Over Abuse Scandal

The head of Japan's top pop agency Johnny & Associates stepped down Thursday after admitting that her uncle, the company's late founder, had sexually abused minors for years, following months of international scrutiny and an independent investigation. Julie K Fujishima, the niece of Johnny Kitagawa, announced her resignation in a news conference Thursday, saying the company would compensate the victims of her uncle's abuse. The issue received fresh attention in April after a former star trainee came forward with allegations that he and multiple other young men were abused by Kitagawa.

Posted on September 7, 2023

TOEIC-style Questions
内容を正しく把握できたか、TOEIC® L&Rテスト Part 4 形式の問題で確かめましょう。［正解は次ページ］

1. Who set up Johnny & Associates?

(A) Julie K Fujishima

(B) Julie K Fujishima's uncle

(C) A star trainee

(D) Some young men

2. What did Julie K Fujishima admit in the news conference?

(A) That she is Johnny Kitagawa's niece

(B) That she followed an investigator

(C) That her uncle abused young men

(D) That her uncle compensated the victims

2023年9月7日に開いた記者会見で
ジャニーズ事務所は藤島氏から東山氏への社長交代を発表。

ジャニーズ事務所、
性加害認め社長辞任

日本でトップの芸能事務所であるジャニーズ事務所の社長が、同社の今は亡き創業者である彼女のおじが長年にわたって未成年者に性的虐待を行っていたことを認め、木曜日に辞任しました。それに先立ち、何カ月にも及ぶ国際的な注目や第三者委員会による調査がなされています。ジャニー喜多川氏のめいである藤島ジュリー景子氏は、木曜日の記者会見で自らの辞任を発表し、彼女のおじによる虐待の被害者の方々に会社が補償を行うと述べました。この問題が4月に新たな注目を受けたのは、かつてスターを目指す研修生だった人が名乗り出て、彼をはじめとした複数の少年が喜多川氏から虐待を受けたと申し立てたからです。

（未掲載）（訳　編集部）

重要ボキャブラリー		TOEIC-style Questions の答え
☐ **abuse** [〈名〉əbjúːs | 〈動〉-z]	《タイトル》①虐待　② 〜を虐待する	**1.**（B）
☐ **scrutiny** [skrúːtəni]	綿密な調査、精査	**2.**（C）
☐ **resignation** [rèzignéiʃən]	辞任、退職	設問の語注
☐ **compensate** [kámpənsèit | kóm-]	〜に償いをする、補償を する	**set up**　〜を創立する、創設する
☐ **allegation** [æ̀ləgéiʃən]	申し立て、主張	**investigator**　調査員、捜査官

ゆっくり音声の適切な個所にポーズ（無言の間）が入れてあります。区切り聞きしてみましょう。
また、ポーズのところで、直前に聞き取った英語を自分で声に出すシャドーイング練習をしてみましょう。
自信がついたら、ポーズなしのゆっくり音声で、さらにはナチュラル音声でも練習してみてください。

The head of Japan's top pop agency Johnny & Associates/
stepped down Thursday/
after admitting/
that her uncle, the company's late founder, had sexually abused
minors for years,/
following months of international scrutiny and an
independent investigation.//

Julie K Fujishima, the niece of Johnny Kitagawa,/
announced her resignation in a news conference Thursday,/
saying the company would compensate the victims of her
uncle's abuse.//

The issue received fresh attention in April/
after a former star trainee came forward with allegations/
that he and multiple other young men were abused by Kitagawa.//

語注

quit:	**founder:**	**investigation:**	**victim:**
《タイトル》辞める	創立者、創業者	調査、捜査	被害者、犠牲者
abuse:	**sexually abuse:**	**resignation:**	**trainee:**
《タイトル》①虐待　②	〜に性的虐待を行う、	辞任、退職	練習生、訓練生
〜を虐待する	性加害する	**news conference:**	**come forward:**
step down:	**minor:**	記者会見	名乗り出る、申し出る
身を引く、辞任する	未成年者	**compensate:**	**allegation:**
admit that:	**scrutiny:**	〜に償いをする、補償	申し立て、主張
〜であると認める	注視、監視	をする	

ポーズのところで区切った日本語訳です。区切り聞きした英語の意味を確認するほか、
日本語を見て区切られた部分ごとに英語に言い換える「反訳」の練習(日→英サイトトランスレーション)を
すれば発信型の英語力がアップします。

日本でトップの芸能事務所であるジャニーズ事務所の社長が /

木曜日に辞任した /

それは認めたからだ

彼女のおじ、すなわちその会社の今は亡き創業者が、長年にわたって未成年者に性的虐待を行っていたと /

そう認めたのは、何カ月にも及ぶ国際的な注目や第三者委員会による調査を受けてのことだ。//

ジャニー喜多川氏のめいである藤島ジュリー景子氏は /

木曜日の記者会見で自らの辞任を発表した /

その際、彼女のおじによる虐待の被害者の方々に会社が補償を行うと述べた。//

この問題は4月に新たな注目を受けた /

かつてスターを目指す研修生だった人が名乗り出て申し立てたからだ /

彼をはじめとした複数の少年が喜多川氏から虐待を受けたと。//

ワンポイント解説

□ 3 行目の after は動名詞句を導く前置詞であるのに対し、13 行目の after は節を導く接続詞になっている。

□ 10 行目は分詞構文で、and she said (that) the company would compensate... などと言い換えられる。

□ ジャニーズ事務所創業者の故ジャニー喜多川氏の性加害は以前からうわさされていたが、英国 BBC が 2023 年 3 月にドキュメンタリーとして報じ、翌月には被害者が日本外国特派員協会で会見。国連人権理事会の専門家も訪日調査を実施するなど国際的にも注視される問題となった。さらに第三者委員会が同年 8 月末に調査報告書を発表し、社長の辞任を要求。藤島社長は翌月 7 日の記者会見で辞任を発表した。

イギリス英語です。まずは、ナチュラル音声を聞いて内容を推測しましょう。
次に、ページをめくって、ゆっくり音声 (ポーズ入り) に進みましょう。

Weight Loss Linked to Early Death

And a new study warns that weight loss in older adults can come with a risk of early death. The study, published Monday, examined 17,000 adults in Australia who were 70 and up and 2,000 in the US who were at least 65, and found that even a 5-percent weight loss increases the risk of mortality, particularly in older men. One of the researchers said that dropping weight can be an early symptom of conditions like cancer and dementia.

Aired on April 11, 2023

リスニングのポイント

解説：南條健助(桃山学院大学国際教養学部准教授)

-lyが付いたよく用いられる副詞は、特にイギリス英語では、しばしばぞんざいに発音され、いくつかの音が消えることがある。

6行目のparticularly
[プ**ティ**キュリー]

-lyが付いたよく用いられる副詞は、特にイギリス英語では、早い発話やくだけた発話において、ぞんざいに発音され、いくつかの音が消える

ることがあります。ここでは、particularlyの-lar-の部分が消えて、particu'ly [プ**ティ**キューリー] のように聞こえます。ほかにも、certainlyが cert'n'y [**サ**ーッ・ニー] のように、definitelyが def'n'ly [**デ**フンリー] のように、occasionallyが occasion'y [ア**ケ**イジュニー] のように、obviouslyが o'vi'sly [**オ**ヴィスリー] のように、probablyが prob'ly [プ**ロ**ブリー] のように、temporarilyが temp'rily [**テ**ンプラリー] (temporallyと同じ発音) のように聞こえることがあります。

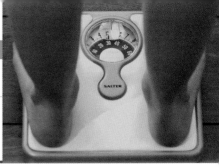

体重の減少は必ずしも
喜ぶべきことではないようです。

高齢者がやせると
早死にしやすい!?

British

さて、新たな研究が、高齢者の体重減少は早死にのリスクを伴う恐れがある
と警鐘を鳴らしています。月曜日に発表されたこの研究では、オーストラリ
アの70歳以上の成人1万7000人と米国の65歳以上の成人2000人を対象に調
査が行われ、たとえ5パーセントの体重減少でも死亡リスクが高まり、特に
高齢男性の場合はそうだ、という結果が得られました。研究チームのひとり
は、体重減少はがんや認知症のような疾患の初期症状として現れることもあ
ると述べています。

(2023年8月号掲載) (訳 石黒円理)

重要ボキャブラリー		ニュースのミニ知識

□ **older adult**　　　高齢者
　　[ədʌ́lt]

□ **mortality**　　　死亡、死亡率
　　[mɔ:rtǽləti]

□ **symptom**　　　症状、兆候
　　[símptəm]

□ **cancer**　　　がん、悪性腫瘍
　　[kǽnsər]

□ **dementia**　　　認知症
　　[diménʃə]

ニュースのミニ知識

オーストラリアのモナシュ大学の研究グル
ープは、同国の70歳以上の高齢者1万
6523人と米国の65歳以上の高齢者2411
人の2010〜2014年の体重データを、調
査対象者のその後と合わせて分析した。そ
の結果、体重の5〜10%減で死亡率が高
齢男性の場合は33%、高齢女性の場合は
26%上昇することが明らかになった。一方、
老齢期の体重増加と死亡率の関連性は見ら
れなかったという。

ゆっくり音声の適切な個所にポーズ（無言の間）が入れてあります。区切り聞きしてみましょう。
また、ポーズのところで、直前に聞き取った英語を自分で声に出すシャドーイング練習をしてみましょう。
自信がついたら、ポーズなしのゆっくり音声で、さらにはナチュラル音声でも練習してみてください。

And a new study warns/
that weight loss in older adults can come with a risk of early death.//

The study, published Monday,/
examined 17,000 adults in Australia who were 70 and up/
and 2,000 in the US who were at least 65,/
and found/
that even a 5-percent weight loss increases the risk of mortality,/
particularly in older men.//

One of the researchers said/
that dropping weight can be an early symptom/
of conditions like cancer and dementia.//

語注

weight loss: 《タイトル》体重減少	**come with:** 〜を伴う、〜が付随する	**...and up:** （数について）…以上	**symptom:** 症状、兆候
(be) linked to: 《タイトル》〜とつながりがある、関係がある	**publish:** 〜を発表する、発行する	**mortality:** 死亡、死亡率	**condition:** 病気、疾患
warn that: 〜であると警告する	**examine:** 〜を調査する、調べる	**particularly:** 特に、とりわけ	**cancer:** がん、悪性腫瘍
older adult: 高齢者	**increase:** 〜を増やす、増大させる	**drop:** 〜を落とす、減らす	**dementia:** 認知症

ポーズのところで区切った日本語訳です。区切り聞きした英語の意味を確認するほか、
日本語を見て区切られた部分ごとに英語に言い換える「反訳」の練習（日→英サイトトランスレーション）を
すれば発信型の英語力がアップします。

さて、新たな研究が警告している /
高齢者の体重減少は早死にのリスクを伴う可能性があると。//

月曜日に発表されたこの研究は /
調査対象がオーストラリアの70歳以上の成人1万7000人だった /
それと米国の65歳以上の2000人だった /
そして結論付けられたのは /
たとえ5パーセントの体重減少でも死亡リスクが高まるということだ /
特に高齢男性では。//

研究チームのひとりによると /
体重減少は初期症状の可能性もある /
がんや認知症のような疾患の。//

ワンポイント解説

□ 4行目の who 以下は、その直前の 17,000 adults in Australia を後ろから修飾している。

□ 5行目の who 以下も、直前の 2,000 in the US を修飾している。また、2,000 の後には adults が省略されている。

□ 米国医師会（AMA）が発行するジャーナル『JAMA Network Open』に発表されたこの研究は、体重減少が初期のがんや認知症を示すサインとなっている可能性があることを示している。研究チームの一員であるモニラ・フセイン博士は、わずか 5% の体重減少でも死亡リスクが高まる可能性があることを念頭に「高齢者の体重が減少していないかを随時確認し、管理する必要がある」と述べている。

イギリス英語です。まずは、ナチュラル音声を聞いて内容を推測しましょう。
次に、ページをめくって、ゆっくり音声（ポーズ入り）に進みましょう。

Warning about AI's Dangers

Tech leaders have signed an open letter warning of the dangers of artificial intelligence. More than 1,000 tech professionals are calling for a pause on developing the most powerful AI systems for at least six months. Even the CEO of OpenAI signed the letter. It reads, in part, quote, "Powerful AI systems should be developed only once we are confident that their effects will be positive and their risks will be manageable."

Aired on March 30, 2023

TOEIC-style Questions

内容を正しく把握できたか、TOEIC® L&Rテスト Part 4 形式の問題で確かめましょう。［正解は次ページ］

1. In the opinion of the people who signed the letter, what type of AI systems should not be developed for a while?

   (A) Only the most powerful ones

   (B) Only the ones created within the last six months

   (C) Only the type used by tech professionals

   (D) All types

2. When does the letter say it would be OK to continue development?

   (A) Immediately after a six-month pause

   (B) When the CEO of OpenAI decides that AI systems are safe

   (C) Once at least 1,000 tech professionals agree to continue development

   (D) Once people are sure that the risks of AI can be managed

ChatGPTを開発したオープンAIの
サム・アルトマン氏も署名しました。

AI開発の一時停止求める書簡に
専門家多数が署名

テクノロジー業界のリーダーたちが、人工知能の危険性に警鐘を鳴らす公開書簡に署名しました。1000名を超えるテック系の専門家たちが、最も強力なAIシステムの開発を少なくとも6カ月間は一時停止するよう求めています。オープンAIのCEO（最高経営責任者）さえも、その書簡に署名しました。その書簡には、「強力なAIシステムは、その影響がポジティブなものになり、そのリスクが管理可能なものになるとわれわれが確信できた場合のみ、開発が進められるべきである」と書かれた部分があります。

（2023年8月号掲載）（訳　編集部）

British

重要ボキャブラリー

☐ **artificial intelligence** [intélidʒəns]	人工知能（略称AI）
☐ **pause on doing** [pɔ́:z]	〜することの一時中止、一時停止
☐ **be confident that** [kɔ́nfidnt | kán-]	〜であると確信している、強く信じている
☐ **effect** [ifékt]	影響、効果
☐ **manageable** [mǽnidʒəbl]	管理可能な、制御可能な

TOEIC-style Questions の答え

1. （A）

2. （D）

設問の語注

for a while	しばらく、当分の間
continue	〜を引き続き行う、再開する
immediately	すぐに、直ちに
decide that	〜であると判断する、結論を下す
be sure that	〜であると確信する、確認する

ゆっくり音声の適切な個所にポーズ（無言の間）が入れてあります。区切り聞きしてみましょう。
また、ポーズのところで、直前に聞き取った英語を自分で声に出すシャドーイング練習をしてみましょう。
自信がついたら、ポーズなしのゆっくり音声で、さらにはナチュラル音声でも練習してみてください。

Tech leaders have signed an open letter/
warning of the dangers of artificial intelligence.//

More than 1,000 tech professionals are calling for a pause/
on developing the most powerful AI systems/
for at least six months.//
Even the CEO of OpenAI signed the letter.//

It reads, in part,/
quote,/
"Powerful AI systems should be developed only once we are confident/
that their effects will be positive and their risks will be manageable."//

語注

warning about: 《タイトル》〜に関する警告、注意	**artificial intelligence:** 人工知能 ▶略称AI。	**read:** 〜と読める、書いてある	**be confident that:** 〜であると確信している、強く信じている
tech: テクノロジー業界の、テック系の	**call for:** 〜を呼びかける、要請する	**in part:** 一部には、部分的に	**effect:** 影響、効果
warn of: 〜を警告する、〜への注意を呼びかける	**pause on doing:** 〜することの一時中止、一時停止	**quote:** 《間投詞的》引用始め	**manageable:** 管理可能な、制御可能な
		only once: 〜だった場合のみ、〜となって初めて	

ポーズのところで区切った日本語訳です。区切り聞きした英語の意味を確認するほか、
日本語を見て区切られた部分ごとに英語に言い換える「反訳」の練習(日→英サイトトランスレーション)を
すれば発信型の英語力がアップします。

テクノロジー業界のリーダーたちが公開書簡に署名した /
人工知能の危険性を警告してのことだ。//

1000名を超えるテック系の専門家たちが一時停止を求めている /
最も強力なAIシステムの開発を行うことについて /
少なくとも6カ月間。//
オープンAIのCEO(最高経営責任者)さえもがその書簡に署名した。//

それにはこう書いてある部分がある /
引用すると /
「強力なAIシステムは、われわれが確信できた場合のみ開発が進められるべきである /
その影響がポジティブなものになり、そのリスクが管理可能なものになると」。//

British

ワンポイント解説

□ 2行目の warning は現在分詞で、warning 以下の2行目全体が直前の an open letter を後ろから修飾している。

□ 7行目の It は前行の the letter を指し、11行目の2つの their は9行目の Powerful AI systems を受けた代名詞の所有格になっている。

□ 2022年11月末にオープンAIが対話型人工知能のChatGPTを発表すると、世界中でAIへの関心が高まり、テック業界はAI開発競争に突入した。しかし、高度に発達したAIシステムは人間に制御できないものとなり、社会に深刻なリスクをもたらすのではないかという懸念も広がった。それを受け、2023年3月22日付で開発の一時停止を求める公開書簡が作成され、同月末までに1300人以上の署名を集めた。

イギリス英語です。まずは、ナチュラル音声を聞いて内容を推測しましょう。
次に、ページをめくって、ゆっくり音声 (ポーズ入り) に進みましょう。

More Time to Buy Beer

Faster Major League Baseball games may mean more time to buy beer. Several teams have extended their beer sales by an inning, thanks to new regulations that have shortened the length of the average ball game by about half an hour. The Twins, Diamondbacks, and Rangers will now sell beer through the eighth inning, and, quite fittingly, so will the Brewers—the Milwaukee Brewers, that is.

Aired on April 13, 2023

TOEIC-style Questions
内容を正しく把握できたか、TOEIC® L&RテストPart 4形式の問題で確かめましょう。[正解は次ページ]

1. What has been increased in Major League Baseball?

(A) The length of games

(B) The number of innings in each game

(C) The time during which beer is sold at games

(D) The length of each inning

2. By how much has the length of a typical game changed?

(A) One inning

(B) About 30 minutes

(C) Around an hour

(D) Nearly half the previous typical length

大リーグの試合時間短縮で
ビール販売は延長突入！

大リーグの試合が短くなったことで、ビールを買える時間が延びるかもしれません。いくつかのチームがビールの販売時間を1イニング分延ばしましたが、新ルールのおかげで試合の平均時間は約30分短くなっているからです。ツインズ、ダイヤモンドバックス、レンジャーズはこれから、ビールの販売を8回終了時まで行うようになり、その名にいかにもふさわしくブルワーズもそうするようになります――つまり、ミルウォーキー・ブルワーズのことですが。

（2023年8月号掲載）（訳　編集部）

重要ボキャブラリー	
□ inning [íniŋ]	（野球の）回、イニング
□ regulations [règjuléiʃənz]	規則、ルール
□ shorten A by B [ʃɔ́ːrtən]	AをBの分だけ短くする、短縮する
□ length [léŋkθ]	長さ
□ fittingly [fítiŋli]	ぴったりで、ふさわしく

TOEIC-style Questions の答え	
1. (C)	
2. (B)	

設問の語注	
increase	～を増やす
typical	典型的な、一般的な
around	おおよそ～、約～
nearly	ほぼ～、～近く
previous	以前の、これまでの

ゆっくり音声の適切な個所にポーズ(無言の間)が入れてあります。区切り聞きしてみましょう。
また、ポーズのところで、直前に聞き取った英語を自分で声に出すシャドーイング練習をしてみましょう。
自信がついたら、ポーズなしのゆっくり音声で、さらにはナチュラル音声でも練習してみてください。

Faster Major League Baseball games/
may mean more time to buy beer.//

Several teams have extended their beer sales by an inning,/
thanks to new regulations/
that have shortened the length of the average ball game by
about half an hour.//

The Twins, Diamondbacks, and Rangers will now sell beer
through the eighth inning,/
and, quite fittingly,/
so will the Brewers—/
the Milwaukee Brewers, that is.//

語注

Major League Baseball: メジャーリーグベースボール、大リーグ野球 ▶略称MLB。	**extend A by B:** AをBの分だけ延ばす、延長する	**shorten A by B:** AをBの分だけ短くする、短縮する	**through:** ～の間中、～の初めから終わりまで
mean: (結果として) ～をもたらす、～という結果になる	**inning:** (野球の) 回、イニング	**length:** 長さ	**quite:** かなり、とても
	thanks to: ～のおかげで	**average:** 平均的な、平均の	**fittingly:** ぴったりで、ふさわしく
	regulations: 規則、ルール	**ball game:** (野球などの) 試合	**that is:** すなわち、つまり

ポーズのところで区切った日本語訳です。区切り聞きした英語の意味を確認するほか、
日本語を見て区切られた部分ごとに英語に言い換える「反訳」の練習(日→英サイトトランスレーション)を
すれば発信型の英語力がアップします。

大リーグの試合運びが素早くなったことで /
ビールを買える時間が増えることになるかもしれない。//

いくつかのチームがビールの販売時間を1イニング分延ばしている /
新ルールのおかげで /
その新ルールによって、平均的な試合の長さが約30分短くなってしまっているのだ。//

ツインズ、ダイヤモンドバックス、レンジャーズは、これからビールの販売を8回の最後まで行う /
そして、その名にいかにもふさわしく /
ブルワーズもそうする―― /
つまり、ミルウォーキー・ブルワーズのことだが。//

British

ワンポイント解説

□ 4行目の new regulations は、投手にタイトな投球時間制限を課す「ピッチクロック」など、2023年シーズンから MLB に導入された新規則を指す。

□ 10行目の so will the Brewers は倒置で、the Brewers will do so too(ブルワーズもそうする)という意味。なお、brewer という語は「(ビールなどの)醸造業者」という意味を持つ。

□ 大リーグは2023年シーズンから「ピッチクロック」を導入。投手の動作を秒単位で規制するもので、試合のテンポをよくする狙いがある。おかげで平均試合時間が約30分短くなったというが、球場でのビールの売上が落ちるという思わぬ余波が生じた。米国では観戦後に車で帰宅する人が多いため、酒類販売は7回終了時までとしてきた球団が大半だが、8回終了時までに変更して売上アップを狙う流れが生じている。

NEWS **14** | ナチュラル音声［1回目］ *Track* **41** | ゆっくり音声［ポーズなし］ *Track* **43** | ナチュラル音声［2回目］ *Track* **76**

イギリス英語です。まずは、ナチュラル音声を聞いて内容を推測しましょう。
次に、ページをめくって、ゆっくり音声（ポーズ入り）に進みましょう。

Human DNA in the Environment

Scientists say they've been able to collect and analyze genetic data from human DNA found in the environment—everywhere from footprints in the sand to ocean water. Researchers from the University of Florida made the discovery whilst capturing environmental DNA to study endangered sea turtles. The study noted human DNA that has seeped into the environment could be used to help find missing people or to aid in criminal investigations.

Aired on May 16, 2023

TOEIC-style Questions

内容を正しく把握できたか、TOEIC® L&Rテスト Part 4 形式の問題で確かめましょう。［正解は次ページ］

1. What did the scientists discover?

(A) That human DNA cannot survive for long in the ocean

(B) That human DNA is endangering sea turtles

(C) That human DNA exists in many parts of the environment

(D) That humans and sea turtles have some genetic data in common

2. What might this discovery be used to find?

(A) A better way to analyze genetic data

(B) Endangered sea turtles

(C) Missing persons

(D) Previously unknown species

何気ない砂浜の足跡からも
DNAが採取できるようです。

自然環境に残された
ヒトのDNAが採取可能に

科学者たちによれば、自然環境で見つかったヒトのDNAから遺伝子データを収集し分析することに成功したということです――自然環境とは、砂中の足跡から海水まで、至る所です。フロリダ大学の研究チームがこれを発見したのは、絶滅危惧種のウミガメを研究するために環境DNAを採取中のことでした。その研究が指摘するところによると、自然環境に漏出したヒトのDNAを利用して、行方不明者の捜索や犯罪捜査に役立てられる可能性があります。

（2023年9月号掲載）（訳　編集部）

重要ボキャブラリー	
☐ **genetic** [dʒənétik]	遺伝の、遺伝子の
☐ **endangered** [indéindʒərd]	絶滅の危機にひんした、絶滅危惧種の
☐ **seep into** [síːp]	～に溶け出す、漏出する
☐ **aid in** [éid]	～に役立つ、～の助けとなる
☐ **criminal investiga-tion** [invèstəgéiʃən]	犯罪捜査

TOEIC-style Questions の答え

1. (C)
2. (C)

設問の語注

survive	存在し続ける
endanger	～を危険にさらす、危うくする
in common	共通に、共有して
previously	以前には、これまでは
species	（生物の）種

ゆっくり音声の適切な個所にポーズ（無言の間）が入れてあります。区切り聞きしてみましょう。
また、ポーズのところで、直前に聞き取った英語を自分で声に出すシャドーイング練習をしてみましょう。
自信がついたら、ポーズなしのゆっくり音声で、さらにはナチュラル音声でも練習してみてください。

Scientists say/

they've been able to collect and analyze genetic data/

from human DNA found in the environment—/

everywhere from footprints in the sand to ocean water.//

Researchers from the University of Florida made the discovery/

whilst capturing environmental DNA/

to study endangered sea turtles.//

The study noted/

human DNA that has seeped into the environment could be used/

to help find missing people or to aid in criminal investigations.//

語注

human DNA: 《タイトル》ヒトのDNA	**footprint:** 足跡	**endangered:** 絶滅の危機にひんした、絶滅危惧種の	**seep into:** ～に溶け出す、漏出する
the environment: 《タイトル》自然環境	**whilst:** ＝while ～する間に	**sea turtle:** ウミガメ	**aid in:** ～に役立つ、～の助けとなる
analyze: ～を分析する、解析する	**capture:** ～をとらえる、捕まえる	**note (that):** ～であると指摘する、特に言及する	**criminal investigation:** 犯罪捜査
genetic: 遺伝の、遺伝子の	**environmental DNA:** 環境DNA		

ポーズのところで区切った日本語訳です。区切り聞きした英語の意味を確認するほか、
日本語を見て区切られた部分ごとに英語に言い換える「反訳」の練習(日→英サイトトランスレーション)を
すれば発信型の英語力がアップします。

科学者たちによれば /

彼らは遺伝子データを収集し分析することができた /

自然環境で見つかったヒトのDNAから—— /

自然環境とはすなわち、砂中の足跡から海水まで、あらゆる所だ。//

フロリダ大学の研究チームがこれを発見した /

環境DNAの採取中に /

絶滅危惧種のウミガメを研究するために。//

その研究は指摘した /

自然環境に漏出したヒトのDNAは利用できる可能性があり /

行方不明者の捜索や犯罪捜査に役立つ、と。//

British

ワンポイント解説

□ 6行目の whilst capturing は、whilst (they were) capturing ということ。

□ 8行目の The study noted の後には接続詞 that が省略されており、その that 節内の主語 は human DNA that has seeped into the environment(自然環境に漏出したヒトの DNA)である。

□ DNA は生物の本体だけでなく、体を離れた毛 や皮膚などの断片にも含まれている。生物の体 から自然環境に放出された DNA を環境 DNA と 呼ぶが、それらを採取し解析する技術は、ある 場所にすむ生物の種を特定したりするために発 達してきた。フロリダ大のグループは川の水や砂 浜の足跡、部屋の空気などからヒトの DNA も採 取、解析できたと 2023 年 5 月に発表した。これ に対し、個人情報保護などの議論も生じている。

JWST Makes Significant Finding

And NASA's James Webb [Space] Telescope has made another significant discovery. It detected water in a comet located in the main asteroid belt, between Mars and Jupiter. The finding suggests that water ice can be preserved in a warmer part of the solar system. It could also help us understand how water became a plentiful resource on Earth during its early days.

Aired on May 16, 2023

TOEIC-style Questions
内容を正しく把握できたか、TOEIC® L&Rテスト Part 4 形式の問題で確かめましょう。［正解は次ページ］

1. Where was this water discovered?

(A) On an asteroid

(B) On Mars

(C) On Jupiter

(D) In a comet

2. According to this news report, what might this discovery help us to understand?

(A) How life could develop on other planets

(B) Why there is so much water on Earth

(C) How water enters the solar system

(D) Why there is no water on Mars

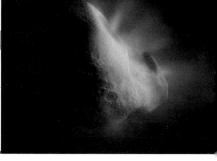

「メインベルト彗星」のひとつの周囲に
水蒸気が観測されました。

火星と木星の間で
彗星の水を検知

そしてNASA（米国航空宇宙局）のジェームズ・ウェッブ宇宙望遠鏡が新たに重要な発見をしました。その望遠鏡は、火星と木星の間に広がる小惑星帯に存在する彗星の中に水を検知したのです。その発見が示唆しているのは、太陽系の比較的暖かい部分に水の氷が保存されうるということです。この発見はまた、地球ができて間もない頃に水がいかにして地球上で豊富な資源となったのかを、われわれが理解するのにも役立つかもしれません。

（2023年9月号掲載）（訳　編集部）

British

重要ボキャブラリー

- [ ] **detect** 〜を検知する、検出する
  [ditékt]
- [ ] **comet** 彗星
  [kómit｜kámit]
- [ ] **Mars** 火星
  [máːrz]
- [ ] **Jupiter** 木星
  [dʒúːpətər]
- [ ] **the solar system** 太陽系
  [sóulər]

TOEIC-style Questions の答え

1.（D）

2.（B）

設問の語注

according to	〜によれば
planet	惑星、遊星
enter	〜の中に登場する、存在するようになる

ゆっくり音声の適切な個所にポーズ（無言の間）が入れてあります。区切り聞きしてみましょう。
また、ポーズのところで、直前に聞き取った英語を自分で声に出すシャドーイング練習をしてみましょう。
自信がついたら、ポーズなしのゆっくり音声で、さらにはナチュラル音声でも練習してみてください。

And NASA's James Webb ［Space］ Telescope has made another
significant discovery.//
It detected water in a comet located in the main asteroid belt,/
between Mars and Jupiter.//

The finding suggests/
that water ice can be preserved in a warmer part of the solar system.//

It could also help us understand/
how water became a plentiful resource on Earth/
during its early days.//

語注

JWST: 《タイトル》＝James Webb Space Telescope　ジェームズ・ウェップ宇宙望遠鏡	**detect:** 〜を検知する、検出する	**the main asteroid belt:** 小惑星帯、メインベルト	**suggest that:** 〜ということを示唆する、暗示する
make (a) finding: 《タイトル》発見する	**comet:** 彗星	**Mars:** 火星	**preserve:** 〜を保存する
significant: 重要な、重大な	**(be) located in:** 〜の中に位置している、ある	**Jupiter:** 木星	**the solar system:** 太陽系
			resource: 資源

ポーズのところで区切った日本語訳です。区切り聞きした英語の意味を確認するほか、
日本語を見て区切られた部分ごとに英語に言い換える「反訳」の練習(日→英サイトトランスレーション)を
すれば発信型の英語力がアップします。

そして NASA(米国航空宇宙局)のジェームズ・ウェッブ宇宙望遠鏡が新たに
重要な発見をした。//
その望遠鏡は、小惑星帯にある彗星の中に水を検知した/
(小惑星帯は)火星と木星の間にある。//

その発見は示唆している/
太陽系の比較的暖かい部分に水の氷が保存されうるということを。//

この発見はまた、われわれが理解するのにも役立つかもしれない/
水がいかにして地球上で豊富な資源となったのかを/
地球の初期の頃に。//

ワンポイント解説

□ 3行目の located は過去分詞。located 以下
の句が、a comet を後ろから修飾している。

□ 3行目の the main asteroid belt(小惑星帯、
メインベルト)とは、火星と木星の軌道の間に
ある、多くの小惑星が存在する領域のことを指
す。the asteroid belt や the main belt とも呼
ばれる。

□火星と木星の間にある小惑星帯(メインベル
ト)には「メインベルト彗星」と呼ばれる小天
体が複数存在している。そのうちのひとつの周
囲に水蒸気(気体化した水)が存在することが、
2023年5月にジェームズ・ウェッブ宇宙望遠
鏡によって観測された。科学者たちは以前から、
彗星が太陽に比較的近いところに水の氷を蓄え
ているのではないかと推測していたが、今回の
観測はそれを裏付ける証拠となる。

オーストラリア英語です。まずは、ナチュラル音声を聞いて内容を推測しましょう。
次に、ページをめくって、ゆっくり音声（ポーズ入り）に進みましょう。

Equality Still a Long Way Off

Women won't achieve gender equality with men for another 131 years; that's not until 2154. That's according to a new report by the World Economic Forum. It found the overall gender gap only closed by 0.3 percent compared to last year. The Gender Gap Index measures parity across four areas: economics, education, health, and political empowerment. The World Economic Forum also estimates it will take 169 years to achieve global economic equality and 162 years for political parity.

Aired on June 21, 2023

リスニングのポイント

解説：南條健助（桃山学院大学国際教養学部准教授）

オーストラリア英語やイギリス英語では、普通、語の最後にある [r]の音は発音されないが、すぐ後ろに母音で始まる語が続く場合には、発音されることがある。

1行目のgender equality
[ヂェンドゥリクォレティー]

オーストラリア英語やイギリス英語では、[r]の音は、carやforのように、語の最後にある場合や、cardやforceのように、すぐ後ろに子音が続く場合には、発音されません（アメリカ英語やカナダ英語では、つづり字にrの文字があれば、いつでも発音されます）。しかし、語の最後にある [r]の音は、すぐ後ろに母音で始まる語が続く場合には、発音されることがあります。ここでは、gender equalityにおいて、genderの [r]の音が発音されており、equalityの最初の母音とつながって聞こえます。ただし、必ず発音されるというわけではなく、ここでも、for anotherやfour areasでは、forやfourの [r]の音は発音されていません。

GLOBAL GENDER EQUALITY GAP

169 YEARS
For economic parity

162 YEARS
For political parity

World Economic Forum, 2023
NEWSROOM

男女における経済的・政治的平等には、ともに160年以上の時間を要すると予測されています。

ジェンダー平等の実現は
2154年か

女性が男性とのジェンダー平等を達成するには、あと131年かかります。つまり、2154年までそれは達成できないのです。この予測は世界経済フォーラム（WEF）が新たに発表した報告書によるものです。WEFによると、総合的なジェンダーギャップは、昨年と比較して、わずかに0.3%縮まったにすぎませんでした。ジェンダーギャップ指数は、経済、教育、保健、政治参画の4分野にわたり男女均等を評価しています。また、世界経済フォーラムの推定では、世界全体で経済的な平等を達成するには169年、政治における均等には162年かかるとしています。

（2023年10月号掲載）（訳　石黒円理）

Australian

重要ボキャブラリー

□ **equality** [ikwɔ́ləti | ikwɑ́ləti]	平等、同等	
□ **achieve** [ətʃíːv]	〜を達成する、実現する	
□ **gender gap** [dʒéndər ɡæ̀p]	男女格差、ジェンダーギャップ	
□ **parity** [pǽrəti]	同等性、均等	
□ **empowerment** [empáuərmənt]	力づけること、権限付与	

ニュースのミニ知識

スイスに本部を置く非営利団体の世界経済フォーラム（WEF）は、2023年6月21日、男女平等がどれだけ実現できているかを数値にした「ジェンダーギャップ指数」を発表した。この指数は同団体が毎年発表しているもので、経済・教育・保健・政治の4つの分野100項目にわたって男女格差を調査している。格差が最も少ないとされた国には14年連続でアイスランドが選ばれ、日本は全146カ国中125番目と過去最低の結果であった。

ゆっくり音声の適切な個所にポーズ（無言の間）が入れてあります。区切り聞きしてみましょう。
また、ポーズのところで、直前に聞き取った英語を自分で声に出すシャドーイング練習をしてみましょう。
自信がついたら、ポーズなしのゆっくり音声で、さらにはナチュラル音声でも練習してみてください。

Women won't achieve gender equality with men/
for another 131 years;/
that's not until 2154.//
That's according to a new report by the World Economic Forum.//

It found/
the overall gender gap only closed by 0.3 percent/
compared to last year.//
The Gender Gap Index measures parity across four areas:/
economics, education, health, and political empowerment.//

The World Economic Forum also estimates/
it will take 169 years to achieve global economic equality/
and 162 years for political parity.//

語注

equality: 《タイトル》平等、同等 **achieve:** 〜を達成する、実現する **the World Economic Forum:** 世界経済フォーラム ▶略称 WEF。	**overall:** 総合的な、全体的な **gender gap:** 男女格差、ジェンダーギャップ **close by:** 〜の分だけ縮まる **compared to:** 〜と比較して	**the Gender Gap Index:** ジェンダーギャップ指数 **measure:** 〜を測る、評価する **parity:** 同等性、均等	**health:** 保健、衛生 **political:** 政治的な、政治上の **empowerment:** 力づけること、権限付与 **estimate (that):** 〜であると見積もる

ポーズのところで区切った日本語訳です。区切り聞きした英語の意味を確認するほか、
日本語を見て区切られた部分ごとに英語に言い換える「反訳」の練習（日→英サイトトランスレーション）を
すれば発信型の英語力がアップします。

女性は男性とのジェンダー平等を達成できないだろう /

あと131年間は /

つまり、2154年まで達成できないということである。//

これは世界経済フォーラム（WEF）の新たな報告書によるものだ。//

それ（WEF）は見いだした /

総合的なジェンダーギャップは0.3％しか縮まらなかったと /

昨年と比較して。//

ジェンダーギャップ指数は男女均等を4分野にわたって評価する /

すなわち経済、教育、保健、そして政治参画だ。//

また、世界経済フォーラムは推定している /

世界全体で経済的な平等を達成するには169年かかるだろうと /

そして政治における均等には162年かかるだろうと。//

Australian

ワンポイント解説

□ 3行目の that's not は1行目の文全体を指している。1行目の否定形に合わせて、3行目も否定形になっている。

□ 8行目の最後のコロン（:）は、「すなわち」の意味。続く economics,...empowerment が four areas の具体的な内容を示している。

□ 2023年発表の日本の順位は昨年の116位から9つのランクダウンであり、主要7カ国（G7）において最低水準となった。日本の評価が特に低い分野は政治である。指数で示された0.057というスコアは全146カ国中138位という、最下位に近いものだった。衆議院において女性議員が占める比率が全体の1割ほどであることはもちろん、過去に女性首相が誕生していないなどの事実も、数値に反映されている。

NEWS 17 | ナチュラル音声［1回目］ **50** *Track* | ゆっくり音声［ポーズなし］ **52** *Track* | ナチュラル音声［2回目］ **79** *Track*

オーストラリア英語です。まずは、ナチュラル音声を聞いて内容を推測しましょう。
次に、ページをめくって、ゆっくり音声（ポーズ入り）に進みましょう。

India Surpassing China in Population

India is on track to surpass China and become the most populous country in the world this year. In fact, it may have already happened. India's 2021 census has been delayed by the pandemic, but UN experts predicted last year India would hit 1.412 billion people. Meanwhile, China's population has fallen for the first time in six decades— [it is] now at 1.411 billion. And analysts say it will continue to shrink over the next 30 years.

Aired on January 18, 2023

TOEIC-style Questions

内容を正しく把握できたか、TOEIC® L&RテストPart 4形式の問題で確かめましょう。［正解は次ページ］

1. What figure did the UN experts predict India's population would reach?

(A) 1.411 billion

(B) 1.412 billion

(C) 1.511 billion

(D) 1.512 billion

2. What is reported about China's population?

(A) It is decreasing.

(B) It is holding steady.

(C) It is growing.

(D) It is unknown, because the 2021 census was delayed.

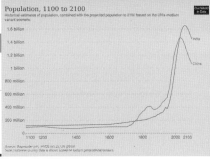

Population, 1100 to 2100
Historical estimates of population, combined with the projected population to 2100 based on the UN's medium variant scenario.

近年のインドは一貫して
人口増加の道をたどっています。

中国を抜き
インドが人口世界一に

インドが今年、中国を追い越し、世界で最も人口が多い国になろうとしています。実際には、すでになっているのかもしれません。インドの2021年の国勢調査はパンデミックのために実施が遅れていますが、国連の専門家は昨年、インドの人口が（2022年中に）14億1200万人に達するだろうと予測していました。一方、中国の人口は60年ぶりに減少しました——その人口は現在14億1100万人です。さらに、アナリストらによると、中国の人口は今後30年にわたり減り続ける見込みです。

（2023年5月号掲載）（訳　石黒円理）

Australian

重要ボキャブラリー

- **surpass A in B**
  [səpáːs | sərpǽs]
  《タイトル》Bの面でAを
  上回る、超える
- **populous**
  [pɔ́pjələs | pá-]
  人口の多い、人口密度の
  高い
- **census**
  [sénsəs]
  人口調査、国勢調査
- **predict (that)**
  [pridíkt]
  ～だろうと予測する
- **shrink**
  [ʃríŋk]
  縮む、小さくなる

TOEIC-style Questionsの答え

1. (B)

2. (A)

設問の語注

figure	数字、数
decrease	減る、減少する
hold steady	現状を保つ、安定している

ゆっくり音声の適切な個所にポーズ（無言の間）が入れてあります。区切り聞きしてみましょう。
また、ポーズのところで、直前に聞き取った英語を自分で声に出すシャドーイング練習をしてみましょう。
自信がついたら、ポーズなしのゆっくり音声で、さらにはナチュラル音声でも練習してみてください。

India is on track/
to surpass China and become the most populous country in the world/
this year.//

In fact, it may have already happened.//
India's 2021 census has been delayed by the pandemic,/
but UN experts predicted last year/
India would hit 1.412 billion people.//

Meanwhile, China's population has fallen/
for the first time in six decades—/
it is now at 1.411 billion.//
And analysts say/
it will continue to shrink over the next 30 years.//

語注

surpass A in B:《タイトル》Bの面でAを上回る、超える	**populous:** 人口の多い、人口密度の高い	**pandemic:** 疫病の世界的流行、パンデミック	**fall:**（数量などが）下がる、減少する
population:《タイトル》人口	**in fact:** 実際には、実のところ	**predict (that):** ～だろうと予測する	**decade:** 10年間
be on track to do: 順調に～しようとしている、～する方向に向かっている	**census:** 人口調査、国勢調査	**hit:** ～に達する、至る	**continue to do:** ～し続ける
	delay: ～を遅らせる	**billion:** 10億	**shrink:** 縮む、小さくなる

ポーズのところで区切った日本語訳です。区切り聞きした英語の意味を確認するほか、
日本語を見て区切られた部分ごとに英語に言い換える「反訳」の練習（日→英サイトトランスレーション）を
すれば発信型の英語力がアップします。

インドは順調に進んでいる /

中国を追い越し、世界で最も人口が多い国になる方向に /

今年。//

実際、それはすでに起こったのかもしれない。//

インドの 2021 年の国勢調査は、パンデミックのために遅れている /

だが、国連の専門家らは昨年予測した /

インドは 14 億 1200 万人に達するだろうと。//

一方、中国の人口は減少した /

60 年ぶりに―― /

その人口は現在 14 億 1100 万人だ。//

さらに、アナリストらは述べている /

それは今後 30 年にわたり減り続けるだろうと。//

Australian

ワンポイント解説

□ 4 行目の it が指しているのは前の文全体。「インドが中国を追い越し世界で最も人口の多い国になる」ということ。

□ 6 行目の副詞句 last year は、次行の would hit ではなく直前の predicted を修飾している。また、predicted last year の後ろには接続詞 that が省略されている。

□ 未確定ながら、2022 年に国連の専門家が発表した予測によれば、インドの人口は同年中に 14 億人超に達する見込みとなっていた。一方、中国はかつて爆発的な人口増加を続けて世界一になったが、「一人っ子政策」の導入などにより、2022 年には人口が約 60 年ぶりに減少に転じたと中国国家統計局は発表した。今後も 30 年あまりにわたって、こうした減少傾向は続いていくとみられている。

オーストラリア英語です。まずは、ナチュラル音声を聞いて内容を推測しましょう。
次に、ページをめくって、ゆっくり音声 (ポーズ入り) に進みましょう。

"Sushi Terrorism" in Japan

Police in central Japan have arrested three people for what they are calling "sushi terrorism." It's in response to a viral trend: people filming themselves at restaurants grabbing food items off conveyor belts, licking them, and then putting them back. According to Japanese broadcaster NHK, a 21-year-old and two teens were arrested for the unsavory practice. Restaurants have been forced to make changes, such as not using the conveyor belts for unordered food and installing security cameras to watch customers.

Aired on March 10, 2023

TOEIC-style Questions
内容を正しく把握できたか、TOEIC® L&Rテスト Part 4 形式の問題で確かめましょう。[正解は次ページ]

1. How many people are reported to have been arrested in this case?
(A) Two
(B) Three
(C) 21
(D) 23

2. What is one thing that restaurants have done in response to this trend?
(A) Hired security guards
(B) Required that each group of diners include at least one adult
(C) Removed their conveyor belts
(D) Installed cameras

迷惑行為の動画をSNS上で公開し、
炎上するということが繰り返し行われています。

バズリ狙いの「すしテロ」に
悩まされる日本

日本の中部地方の警察は、いわゆる「すしテロ」行為を働いたとして3名を逮捕しました。このテロ行為はSNS上のトレンドを意識したもので、すし店でベルトコンベヤーから食べ物をつかみ取ってなめた後、また元に戻す行為を自ら動画に撮るということを行っていたのです。日本の放送局NHKによれば、この迷惑行為により21歳1名と10代の若者2名が逮捕されました。店側は、未注文のすしをベルトコンベヤーに乗せるのをやめたり、客を監視する防犯カメラを設置したりするなど、営業体制の変更を余儀なくされています。

（2023年7月号掲載）（訳　石黒円理）

Australian

重要ボキャブラリー

□	terrorism [térərizəm]	テロ、テロ行為
□	arrest A for B [ərést]	AをBの罪で逮捕する
□	viral [váirəl]	（SNSなどで）口コミで広がっている、拡散中の
□	conveyor belt [kənvéiər]	ベルトコンベヤー
□	unsavory [ʌnséivəri]	①（道徳的に）不穏当な、不快な　②（食べ物が）嫌な匂いの、まずい

TOEIC-style Questionsの答え

1. （B）

2. （D）

設問の語注

hire	～を雇う
require that	～であることを要求する
diner	食事客
remove	～を取り外す

ゆっくり音声の適切な個所にポーズ（無言の間）が入れてあります。区切り聞きしてみましょう。
また、ポーズのところで、直前に聞き取った英語を自分で声に出すシャドーイング練習をしてみましょう。
自信がついたら、ポーズなしのゆっくり音声で、さらにはナチュラル音声でも練習してみてください。

Police in central Japan have arrested three people/
for what they are calling "sushi terrorism."//

It's in response to a viral trend:/
people filming themselves at restaurants/
grabbing food items off conveyor belts, licking them, and then
putting them back.//
According to Japanese broadcaster NHK,/
a 21-year-old and two teens were arrested for the unsavory practice.//

Restaurants have been forced to make changes,/
such as not using the conveyor belts for unordered food/
and installing security cameras to watch customers.//

語注

terrorism: 《タイトル》テロ、テロ行為	**film...doing:** …が〜する様子を動画撮影する	**put...back:** …を元へ戻す	**practice:** 行為、活動
arrest A for B: AをBの罪で逮捕する	**grab A off B:** AをBからつかみ取る	**broadcaster:** 放送局、テレビ・ラジオ局	**force...to do:** …に〜することを余儀なくさせる
viral: (SNSなどで)口コミで広がっている、拡散中の	**conveyor belt:** ベルトコンベヤー **lick:** 〜をなめる	**unsavory:** ①(道徳的に)不穏当な、不快な ②(食べ物が)嫌な匂いの、まずい	**unordered:** 注文されていない **install:** 〜を設置する

ポーズのところで区切った日本語訳です。区切り聞きした英語の意味を確認するほか、
日本語を見て区切られた部分ごとに英語に言い換える「反訳」の練習（日→英サイトトランスレーション）を
すれば発信型の英語力がアップします。

日本の中部地方の警察が3名を逮捕した /
彼らが「すしテロ」と呼ぶ容疑で。//

これはSNS上の口コミで拡散するトレンドに対応したものだ /
人々は飲食店で自分の姿を撮影しているが /
それはベルトコンベヤーから食べ物をつかみ取ってなめ、それから元に戻す
姿だ。//
日本の放送局NHKによれば /
21歳の1名と10代の2名が、この迷惑行為で逮捕された /

すし店は変更を余儀なくされている /
注文外の食べ物にベルトコンベヤーを使うことはしないようにしたり /
客を監視するための防犯カメラを設置したりして。//

Australian

ワンポイント解説

□ 2行目の what は先行詞を含む関係代名詞。

□ 4～6行目は動名詞句。people は filming の意味上の主語。また、film...doing の doing にあたるのが grabbing、licking、putting の3つの現在分詞である。

□ 最下行の and は動名詞句 not using...food と installing...customers を並列している。

□ 日本のすしチェーン店の店舗において、利用客による悪質な迷惑行為が頻発している。要因のひとつとして、回転ずし特有のオペレーション簡略化および自動化がある。例えば、食器や調味料はあらかじめ食卓に備え付けられているため、その分配置する店員を減らし、人件費を節約できる。その半面、利用客が店員と接する機会が少なくなることによる「死角」も多く生まれているのが実態だ。

NEWS **19** | ナチュラル音声［1回目］ Track **56** | ゆっくり音声［ポーズなし］ Track **58** | ナチュラル音声［2回目］ Track **81**

オーストラリア英語です。まずは、ナチュラル音声を聞いて内容を推測しましょう。
次に、ページをめくって、ゆっくり音声（ポーズ入り）に進みましょう。

Researchers Find Plants Make Sounds

Your houseplants might be crying out for help—if only you could hear them. Researchers at Tel Aviv University found that plants make popping sounds undetectable to the human ear, and they get noisier if they need water or if their stems have been cut. The audio of the sounds made by a dry tomato plant have been sped up and edited so it can be heard.

Aired on April 3, 2023

TOEIC-style Questions
内容を正しく把握できたか、TOEIC® L&Rテスト Part 4 形式の問題で確かめましょう。[正解は次ページ]

1. What kind of sounds are plants said to make?	2. What was the condition of the tomato plant whose sounds were recorded?
(A) Crying sounds	(A) It was dry.
(B) Singing sounds	(B) It was wet.
(C) Laughing sounds	(C) It was cold.
(D) Popping sounds	(D) It was hot.

トマトの苗から
人には聞こえない「声」が生じているそうです。

「植物の声」の録音に
イスラエルの大学が成功！

みなさんのお宅にある観葉植物が、助けを求めて叫んでいるかもしれません
——みなさんにその声が聞こえさえすればの話ですが。テルアビブ大学の研
究チームが、植物が人間の耳では感知できないポンという音を発し、水不足
になったり茎が切られたりすると、より騒がしくなることを発見しました。
乾燥したトマトの苗から発せられた音を録音した音声には、人間にも聞こえ
るように、再生速度を上げるなどの編集が加えられました。

（2023年8月号掲載）（訳　石黒円理）

Australian

重要ボキャブラリー		TOEIC-style Questionsの答え	
□ **houseplant** [háusplæ̀nt]	室内用鉢植え植物、観葉植物	**1.** （D） **2.** （A）	
□ **popping sound** [pɔ́piŋ | pápiŋ]	（ポン、パン、ポコッといった）はじける音	設問の語注	
□ **undetectable** [ʌ̀nditéktəbəl]	検知できない、検出できない	condition	状況、状態
□ **noisy** [nɔ́izi]	うるさい、騒がしい	record	〜を録音する
□ **audio** [ɔ́:diə̀u]	音声信号、録音音声		

ゆっくり音声の適切な箇所にポーズ(無言の間)が入れてあります。区切り聞きしてみましょう。
また、ポーズのところで、直前に聞き取った英語を自分で声に出すシャドーイング練習をしてみましょう。
自信がついたら、ポーズなしのゆっくり音声で、さらにはナチュラル音声でも練習してみてください。

Your houseplants might be crying out for help—/
if only you could hear them.//

Researchers at Tel Aviv University found/
that plants make popping sounds undetectable to the human ear,/
and they get noisier/
if they need water/
or if their stems have been cut.//

The audio of the sounds made by a dry tomato plant/
has been sped up and edited/
so it can be heard.//

語注

researcher: 《タイトル》研究者	**if only:** ただ〜でありさえすればよいのだが	**undetectable :** 感知できない、検知できない	**audio:** 音声信号、録音音声
houseplant: 室内用の鉢植え、観葉植物	**find that:** 〜であることを発見する、見い出す	**human:** 人の、人間の	**speed up:** 〜の速度を上げる ▶speedの過去・過去分詞形はsped。
cry out for: 〜を求めて叫ぶ、叫び声を上げる	**popping sound:** (ポン、パン、ポコッといった)はじける音	**noisy:** うるさい、騒がしい	**edit:** 〜を編集する
		stem: 茎、幹	

ポーズのところで区切った日本語訳です。区切り聞きした英語の意味を確認するほか、
日本語を見て区切られた部分ごとに英語に言い換える「反訳」の練習（日→英サイトトランスレーション）を
すれば発信型の英語力がアップします。

あなたの家の観葉植物が助けを求めて叫んでいるかもしれない――／
あなたにその声が聞こえさえすれば。//

テルアビブ大学の研究者たちが発見した／
植物が人間の耳では感知できないポンという音を発するということを／
また、それらの植物がより騒がしくなることを／
もし水を必要としていたら／
あるいは、茎が切られたら。//

乾燥したトマトの苗から発せられた音の録音音声は／
再生速度を上げて編集された／
それが（人間にも）聞こえるように。//

Australian

ワンポイント解説

□ 4 行目の undetectable 以下は直前の popping sounds を、8 行目の過去分詞 made 以下は直前の the sounds を、それぞれ修飾している。

□ 9 行目は、CNN のアンカーによる「ナチュラル音声」では have been...edited となっているが、主語は audio なので、has been...edited とするのが適切。「ゆっくり音声」では正しく収録してある。

□実験では、茎を切断した個体、5 日間水を与えなかった個体、何もストレスを与えなかった個体の間で比較が行われた。何もしなかった個体が 1 時間あたり平均で 1 回程度音を発生させていたのに対し、茎を切断した個体は 25 回、水を与えなかった個体は 35 回も音を発生させていたことが確認されたという。今回確認された音は、周波数が 40 〜 80 キロヘルツのため、人間が直接その音を確認することはできない。

オーストラリア英語です。まずは、ナチュラル音声を聞いて内容を推測しましょう。
次に、ページをめくって、ゆっくり音声（ポーズ入り）に進みましょう。

AI Used for New Beatles Song

A new song from the Beatles is due out this year, thanks to artificial intelligence. Speaking on BBC Radio 4, Sir Paul McCartney revealed the Beatles' final record has been completed by using AI to remake the voices of late band members John Lennon and George Harrison. McCartney says there's a good side and a scary side to AI and we'll just have to see where it leads.

Aired on June 14, 2023

TOEIC-style Questions
内容を正しく把握できたか、TOEIC L&R®テスト Part 4 形式の問題で確かめましょう。［正解は次ページ］

1. Who or what spoke about the new Beatles song on BBC Radio 4?

(A) An AI system

(B) George Harrison

(C) John Lennon's son

(D) Paul McCartney

2. According to this news report, what was AI used to do?

(A) Write the words for a new Beatles song

(B) Create the melody for a new Beatles song

(C) Remake the voices of people who have died

(D) Make scary music

新曲発表の発案は
ポール・マッカートニー（左から2番目）だそうです。

ビートルズ最後の新曲、
AIの力を借りて完成

Australian

人工知能（AI）のおかげで、ビートルズの新曲が今年リリースされる予定です。BBCラジオ4の番組に出演した際、ポール・マッカートニー卿は、今は亡きメンバーのジョン・レノンとジョージ・ハリスンの声をAIを使ってリメイクすることによって、ビートルズ最後のレコードが完成したと明かしました。マッカートニーは、AIには良い面と恐ろしい面があり、われわれとしてはこれが今後どのような影響をもたらすのか見届けるしかないと述べています。

（2023年10月号掲載）（訳　石黒円理）

重要ボキャブラリー

- **be due out** [djúː | dúː] 出る予定である、発売予定である
- **reveal (that)** [rivíːl] ～であることを明らかにする、明かす
- **complete** [kəmplíːt] ～を完成させる、仕上げる
- **remake** [riméik] ～を作り直す、作り変える
- **scary** [skéəri] 怖い、恐ろしい

TOEIC-style Questions の答え

1. （D）
2. （C）

設問の語注

according to	～によれば
words	歌詞
create	～を作る、創作する
melody	旋律、メロディー

写真：Henry Grossman/Wikimedia Commons

ゆっくり音声の適切な個所にポーズ（無言の間）が入れてあります。区切り聞きしてみましょう。
また、ポーズのところで、直前に聞き取った英語を自分で声に出すシャドーイング練習をしてみましょう。
自信がついたら、ポーズなしのゆっくり音声で、さらにはナチュラル音声でも練習してみてください。

A new song from the Beatles is due out this year, /
thanks to artificial intelligence. //

Speaking on BBC Radio 4, /
Sir Paul McCartney revealed /
the Beatles' final record has been completed /
by using AI to remake the voices /
of late band members John Lennon and George Harrison. //

McCartney says /
there's a good side and a scary side to AI /
and we'll just have to see where it leads. //

語注

be due out: 出る予定である、発売予定である	**Sir:** サー、卿 ▶英国でナイト爵および準男爵を授けられた男性に付ける称号。	**complete:** ～を完成させる、仕上げる	**a...side to:** ～の…な面
thanks to: ～のおかげで		**remake:** ～を作り直す、作り変える	**scary:** 怖い、恐ろしい
artificial intelligence: 人工知能 ▶略称AI。	**reveal (that):** ～であることを明らかにする、明かす	**late:** 故人の、今は亡き	**see:** 《wh節とともに》～か見てみる、確かめる
			lead (to): ～に導く、つながる

ポーズのところで区切った日本語訳です。区切り聞きした英語の意味を確認するほか、
日本語を見て区切られた部分ごとに英語に言い換える「反訳」の練習(日→英サイトトランスレーション)を
すれば発信型の英語力がアップします。

ビートルズの新曲が今年出る予定だ /
人工知能のおかげで。//

BBCラジオ4で発言した際 /
ポール・マッカートニー卿が明かした /
ビートルズの最後の録音が完成したと /
声をリメイクするためにAIを使うことによって /
亡くなったバンドメンバー、ジョン・レノンとジョージ・ハリスンの (声を)。//

マッカートニーは述べている /
AIには良い面と怖い面がある /
そして、われわれはそれがどこにつながるかをただ見届けるしかない、と。//

Australian

ワンポイント解説

□ 4行目の revealed の直後の that が省略されている。

□ 8行目も同様に says の直後の that が省略されている。また、発言の内容は there's a good side から文末まで全てである。

□ 2023年6月、BBCの番組「Radio 4 Today」に出演したポール・マッカートニーが、ビートルズとして最後となる新曲のリリースを発表した。1978年にジョン・レノンがピアノで弾き語りしたものをラジカセで録音した「Now and Then」ではないかと伝えられている。レノンの死後、1995年に編曲が試みられたが、デモテープの音質が悪く、ノイズもひどかったことなどから、楽曲化が見送られていた。

重要ボキャブラリーや語注として取り上げたものをまとめてあります。訳語の後ろの数字は、その語いが出てくるニュースの番号を示しています（例：N01=News 01）。そのニュースの文脈を思い出しながら覚えると、語いのニュアンスや使い方も身につきます。

A

- a...side to: ～の…な面 N20
- abuse: ①虐待　②～を虐待する N10
- accelerated: 加速された、迅速な N04
- achieve: ～を達成する、実現する N16
- administration: 政権 N05
- admit that: ～であると認める N10
- adverse event: 有害事象 N04
- aid in: ～に役立つ、～の助けとなる N14
- allegation: 申し立て、主張 N10
- Alzheimer's disease: アルツハイマー病 N04
- amid: ～の状況の中で N05
- analyze: ～を分析する、解析する N14
- ...and up: （数について）…以上 N11
- argument that: ～という議論、主張 N02
- arrest A for B: A を B の罪で逮捕する N18
- artificial intelligence: 人工知能（略称 AI）N12, N20
- as part of: ～の一環として N09
- attribute A to B: A を B のせいにする、B に起因すると考える N06
- audio: 音声信号、録音音声 N19
- avatar: 分身、アバター（仮想空間上でユーザーの代わりとなるキャラクター）N07
- average: 平均的な、平均の N13

B

- ball game: （野球などの）試合 N13
- balloon: 風船、気球 N06
- be confident that: ～であると確信している、強く信じている N12
- be critical to: ～に極めて重要である、決定的な重要性を持つ N03
- be due out: 出る予定である、発売予定である N20
- be linked to: ～とつながりがある、関係がある N11
- be located in: ～の中に位置している、ある N15
- be on track to do: 順調に～しようとしている、～する方向に向かっている N17
- be vital to: ～に不可欠である N03
- billion: 10 億 N17
- booming: 好景気の、活況の N08
- brain swelling: 脳の腫れ、脳腫脹（のうしゅちょう）N04
- broadcaster: 放送局、テレビ・ラジオ局 N18

C

- call for: ～を呼びかける、要請する N12
- cancer: がん、悪性腫瘍 N11
- capture: ～をとらえる、捕まえる N14
- cardboard box: 段ボール箱 N08
- celebrity: 有名人、著名人 N02
- census: 人口調査、国勢調査 N17
- close by: ～の分だけ縮まる N16
- cognitive decline: 認知機能低下、認知低下 N04
- come forward: 名乗り出る、申し出る N10
- come up with: ～を作り出す N08
- come with: ～を伴う、～が付随する N11

- comet: 彗星 N15
- commitment to: ～に対する固い決心、厳然とした姿勢 N05
- compared to: ～と比較して N16
- compensate: ～に償いをする、補償をする N10
- complete: ～を完成させる、仕上げる N20
- condition: 病気、疾患 N11
- connection issue: （通信の）接続の問題 N07
- conservation: 自然保護活動、保全事業 N09
- continue to do: ～し続ける N17
- conveyor belt: ベルトコンベヤー N18
- copyright: 著作権、版権 N02
- court: 裁判所、法廷 N07
- creature: 生き物、動物 N09
- criminal investigation: 犯罪捜査 N14
- cry out for: ～を求めて叫ぶ、叫び声を上げる N19
- currently: 現在、今のところ N03

D

- decade: 10 年間 N17
- decision to do: ～するという決定 N05
- delay: ～を遅らせる N17
- dementia: 認知症 N11
- dependence on: ～への依存 N03
- deposit: 鉱床、鉱脈 N03
- detect: ～を検知する、検出する N15
- deterrence: 抑止力、防止力 N05
- detractor: 批判する人、中傷する人 N07
- director of national intelligence: 国家情報局長官 N06
- drop: ～を落とす、減らす N11

E

- edit: ～を編集する N19
- effect: 影響、効果 N12
- electric vehicle: 電気自動車（略称 EV）N03
- eligible: 条件にかなった、適格な N05
- empowerment: 力づけること、権限付与 N16
- endangered: 絶滅の危機にひんした、絶滅危惧種の N14
- environmental DNA: 環境 DNA N14
- equality: 平等、同等 N16
- equipment: 機器、装置 N07
- estimate: 推計、推定 N08
- estimate that: ～であると見積もる N16
- examine: ～を調査する、調べる N11
- extend: ～を伸ばす、延長する N05
- extend A by B: A を B の分だけ延ばす、延長する N13
- extraordinary: 類いまれな、異例の N01

F

- fall: （数量などが）下がる、減少する N17
- fast-track: ～を急速に進める、迅速に処理する N04
- favor: ～のほうを好む N07

□ **FDA:** = Food and Drug Administration　食品医薬品局 N04
□ **figurehead:** 船首像（船の船首に付けられた装飾物）N01
□ **film...doing:** …が〜する様子を動画撮影する N18
□ **find that:** 〜であることを発見する、見い出す N19
□ **fittingly:** ぴったりと、ふさわしく N13
□ **footprint:** 足跡 N14
□ **force...to do:** …に〜することを余儀なくさせる N18
□ **founder:** 創立者、創業者 N10

G

□ **gender gap:** 男女格差、ジェンダーギャップ N16
□ **genetic:** 遺伝の、遺伝子の N14
□ **ginger:** ショウガ、ジンジャー N01
□ **grab A off B:** A を B からつかみ取る N18
□ **grant approval for:** 〜に承認を与える、〜を認可する N04
□ **green:** 環境に優しい、環境に配慮した N08
□ **grow:** 成長する、伸びる N08

H

□ **health:** 保健、衛生 N16
□ **hit:** 〜に達する、至る N17
□ **houseplant:** 室内用の鉢植え、観葉植物 N19
□ **human:** 人の、人間の N19
□ **human DNA:** ヒトの DNA N14

I

□ **iconic:** 象徴的な N09
□ **identify:** 〜を確認する、特定する N03
□ **if only:** ただ〜でありさえすればよいのだが N19
□ **in fact:** 実際には、実のところ N17
□ **in part:** 一部には、部分的に N12
□ **in the years to come:** この先何年も N08
□ **incident:** （大事に至らない）事件、出来事 N06
□ **increase:** 〜を増やす、増大させる N11
□ **industry:** 業界、産業 N08
□ **infringe on:** 〜を侵害する、侵犯する N02
□ **inning:** （野球の）回、イニング N13
□ **install:** 〜を設置する N18
□ **intellectual property:** 知的財産、知的財産権（略称 IP）N02
□ **investigation:** 調査、捜査 N10
□ **item:** 品物、品目 N01

J

□ **judge:** 裁判官、判事 N07
□ **Jupiter:** 木星 N15
□ **justice:** 司法 N07
□ **JWST:** = James Webb Space Telescope　ジェームズ・ウェッブ宇宙望遠鏡 N15

L

□ **landmark:** 画期的な、重要な N09
□ **late:** 故人の、今は亡き N20
□ **lead to:** 〜に導く、つながる N20
□ **length:** 長さ N13
□ **lick:** 〜をなめる N18

M

□ **Major League Baseball:** メジャーリーグベースボール、大リーグ野球（略称 MLB）N13
□ **make a finding:** 発見する N15
□ **make one's return to:** 〜に戻ってくる N09
□ **manageable:** 管理可能な、制御可能な N12
□ **mandatory:** 義務的な、強制的な N05
□ **Mars:** 火星 N15
□ **massive:** 巨大な、大量の N03
□ **mean :** （結果として）〜をもたらす、〜という結果になる N08, N13
□ **measure:** 〜を測る、評価する N16
□ **medication:** 薬、薬剤 N04
□ **mention:** 言及 N06
□ **military-service:** 兵役の N05
□ **mining company:** 鉱業会社、鉱山会社 N03
□ **minor:** 未成年者 N10
□ **mortality:** 死亡、死亡率 N11

N

□ **national park:** 国立公園 N09
□ **news conference:** 記者会見 N10
□ **noisy:** うるさい、騒がしい N19
□ **northernmost:** 最北の、最北端の N03
□ **note that:** 〜であると指摘する、特に言及する N14

O

□ **off ...'s coast:** …沖で、…沖に N01
□ **older adult:** 高齢者 N11
□ **only once:** 〜だった場合のみ、〜となって初めて N12
□ **overall:** 総合的な、全体的な N16

P

□ **pandemic:** 疫病の世界的流行、パンデミック N17
□ **parity:** 同等性、均等 N16
□ **participant:** 参加者 N07
□ **particularly:** 特に、とりわけ N11
□ **pause on doing:** 〜することの一時中止、一時停止 N12
□ **peppercorn:** コショウの実 N01
□ **period:** 期間 N05
□ **Phase III trial:** 第 3 相試験 N04
□ **pioneer:** 先駆者、パイオニア N02
□ **platypus:** カモノハシ N09
□ **political:** 政治的な、政治上の N16
□ **popping sound:** （ポン、パン、ポコッといった）はじける音 N19
□ **population:** 人口 N17
□ **populous:** 人口の多い、人口密度の高い N17
□ **power:** 〜に動力を供給する N03
□ **practice:** 行為、活動 N18
□ **predict that:** 〜だろうと予測する N17
□ **preserve:** 〜を保存する N15
□ **progression:** （病気などの）進行 N04
□ **publish:** 〜を発表する、発行する N11
□ **publisher:** 発行元 N08
□ **put A at B:** A を B と見積もる N08
□ **put...back:** …を元へ戻す N18
□ **put...out of reach:** …を手の届かないところに置く N07

Q

☐ **quit:** 辞める N10
☐ **quite:** かなり、とても N13
☐ **quote:** 《間投詞的》引用始め N12

R

☐ **rare-earth elment:** 希土類元素、レアアース N03
☐ **read:** 〜と読める、書いてある N12
☐ **recover:** 〜を回収する N01
☐ **reduce:** 〜を減らす、少なくする N03
☐ **regulations:** 規則、ルール N03
☐ **reintroduce A into B:** A（動植物）を B（元の生息地）に戻す、再導入する N09
☐ **reject:** 〜を却下する、退ける N02
☐ **release:** ①〜を発表する、公表する　②〜を解き放つ N06, N09
☐ **remain:** 〜のままである N06
☐ **remake:** 〜を作り直す、作り変える N20
☐ **renewable energy:** 再生可能エネルギー N03
☐ **represent A by B:** A を B で表す、示す N07
☐ **researcher:** 研究者 N19
☐ **resignation:** 辞任、退職 N10
☐ **resource:** 資源 N15
☐ **return:** 復帰、復活 N09
☐ **reveal that:** 〜であることを明らかにする、明かす N20
☐ **royal:** 王家の、王室の N01
☐ **rule against:** 〜に不利な裁定をする、判決を下す N02
☐ **rule that:** 〜であると裁定する、判決を下す N02

S

☐ **safety concern:** 安全上の懸念、心配 N04
☐ **savory:** 風味のよい、よい香りの N01
☐ **scary:** 怖い、恐ろしい N20
☐ **scrutiny:** 注視、監視 N13
☐ **sea turtle:** ウミガメ N14
☐ **see:**《wh 節とともに》〜か見てみる、確かめる N20
☐ **seep into:** 〜に溶け出す、漏出する N14
☐ **serve in the military:** 兵役に就く N05
☐ **sexually abuse:** 〜に性的虐待を行う、性加害する N10
☐ **shorten A by B:** A を B の分だけ短くする、短縮する N13
☐ **shrink:** 縮む、小さくなる N17
☐ **significant:** ①重要な、重大な　②多大な、かなりの N02, N03, N15
☐ **silt:** 沈泥、シルト（粗さが砂と粘土の中間の土）N01
☐ **sink:** 沈む、沈没する N01
☐ **Sir:** サー、卿（英国でナイト爵および準男爵を授けられた男性に付ける称号）N20
☐ **solution:** 解決策、解決法 N08
☐ **space alien:** 宇宙人 N06
☐ **speed up:** 〜の速度を上げる（speed の過去・過去分詞形は sped）N19
☐ **spice:** 香辛料、スパイス N01
☐ **starting in:**（年・月などに関して）〜から N05
☐ **stem:** 茎、幹 N19
☐ **step down:** 身を引く、辞任する N10
☐ **strengthen:** 〜を強化する、増強する N05
☐ **sufficiently:** 十分に N02

☐ **suggest that:** 〜ということを示唆する、暗示する N15
☐ **sunken:** 沈没した、沈んだ N01
☐ **surpass A in B:** B の面で A を上回る、超える N17
☐ **sustainable:** 持続可能な、サステナブルな N08
☐ **symptom:** 症状、兆候 N11

T

☐ **tech:** テクノロジー業界の、テック系の N12
☐ **terrorism:** テロ、テロ行為 N18
☐ **thanks to:** 〜のおかげで N13, N20
☐ **that is:** すなわち、つまり N13
☐ **the Baltic Sea:** バルト海 N01
☐ **the environment:** 自然環境 N14
☐ **the Gender Gap Index:** ジェンダーギャップ指数 N16
☐ **the main asteroid belt:** 小惑星帯、メインベルト N15
☐ **the Pentagon:** 米国国防総省、ペンタゴン N06
☐ **the Royal National Park:** ロイヤル国立公園（シドニーの少し南に位置する）N09
☐ **the solar system:** 太陽系 N15
☐ **the Supreme Court:** 最高裁判所 N02
☐ **the World Economic Forum:** 世界経済フォーラム（略称 WEF）N16
☐ **threat:** 脅威 N05
☐ **through:** 〜の間中、〜の初めから終わりまで N13
☐ **timber:** 木材、材木 N01
☐ **token:**（ボードゲームなどで使う）ピース、駒 N08
☐ **trainee:** 練習生、訓練生 N10
☐ **transform:** 〜を変形する、変える N02
☐ **treat:** 〜を治療する N04
☐ **trial:** 裁判、公判 N07

U

☐ **UFO:** = unidentified flying object　未確認飛行物体 N06
☐ **undetectable :** 感知できない、検知できない N19
☐ **unexplained:** 説明のつかない、未解明の N06
☐ **unidentified aerial phenomenon:** 未確認空中現象、未確認航空中現象（略称 UAP）N06
☐ **unordered:** 注文されていない N18
☐ **unsavory:** ①（道徳的に）不穏当な、不快な　②（食べ物が）嫌な匂いの、まずい N18

V

☐ **versus:** 〜と対比して、〜に対して N07
☐ **victim:** 被害者、犠牲者 N10
☐ **video link:** ビデオリンク（テレビ会議システムによる接続）N07
☐ **violate:** 〜に違反する、〜を侵害する N02
☐ **viral:**（SNS などで）口コミで広がっている、拡散中の N18

W

☐ **warn of:** 〜を警告する、〜への注意を呼びかける N12
☐ **warn that:** 〜であると警告する N11
☐ **warning about:** 〜に関する警告、注意 N12
☐ **weight loss:** 体重減少 N11
☐ **whilst:** = while 〜する間に N14
☐ **wind turbine:** 風力発電用タービン N03

本書のご購入者は、下記URLまたは QR コードから申請していただければ、
本書のMP3音声と電子書籍版（PDF）を無料でダウンロードすることができるようになります。

申請サイト URL（ブラウザの検索窓ではなく「URL 入力窓」に入力してください）

https://www.asahipress.com/cnnnl/aw23John/

● スマートフォン / タブレットなどで音声再生をされる方は、App Store または
Google Play から右記のアイコンの音声再生アプリを端末にインストールして
ご利用ください。

［音声再生アプリ］
リスニング・トレーナー

● パソコンの場合は、通常お使いの音声再生ソフトをご利用ください。

【注意】
● PDF は本書の紙面を画像化したものです。
● 本書初版第1刷の刊行日（2023 年 10 月20日）より1年を経過した後は、告知なしに上記申請サイトを削除したり MP3音声・電子書籍版（PDF）の配布をとりやめたりする場合があります。あらかじめご了承ください。

［音声＆電子書籍版付き］
CNN ニュース・リスニング 2023［秋冬］

2023 年 10 月 20 日　初版第 1 刷発行

編　集	『CNN English Express』編集部
発行者	小川洋一郎
発行所	株式会社 朝日出版社
	〒101-0065 東京都千代田区西神田 3-3-5
	TEL: 03-3263-3321　FAX: 03-5226-9599
	郵便振替 00140-2-46008
	https://www.asahipress.com（HP）　https://twitter.com/asahipress_com（ツイッター）
	https://www.instagram.com/cnn.ee（インスタグラム）
印刷・製本	シナノ印刷株式会社
DTP	有限会社 ファースト
音声編集	ELEC（一般財団法人 英語教育協議会）
表紙写真	AFP / アフロ
装　丁	岡本 健 +